因為溝通太複雜
所以需要
談判心理學

你的每一個動作或表情，在對手眼中都有重大意義

李維──編著

人類好奇怪、客戶好難搞，
到底在想什麼？
其實一切皆有端倪可尋！
先搶先贏？
錯！先開口表態的人，居然已經慘輸一半？
一些極細微的小動作，可能暗示著心態上的轉變？

談判中的心理學，讓你 hold 住全場主動權！

崧燁文化

目錄

目錄

第四章　中場階段的談判策略

第五章　終局階段的談判策略

第六章　如何獲得對方的信任和好感

第七章　如何堅定自己的立場，獲得最大利益

目　錄

推薦序

「二戰」期間，盟軍司令巴頓將軍和德國陸軍元帥隆美爾將要展開一場舉世矚目的「世紀大決戰」。戰爭爆發前，巴頓將軍日夜苦讀隆美爾的所有軍事論述。果然，隆美爾在作戰中所採用的，就是著作中所提及的。

最後的勝利者是誰，相信大家都應該知道了。

做任何事情都是這樣，知己知彼方能百戰百勝。

銷售如此，談判更是如此。

在我的職業生涯中，曾經歷過無數次的談判，深知談判是一個極其複雜而且混亂的過程。

只要是談判，都要受社會文化和個人生活經驗養成的心理作用的影響。所以，在任何一場談判開始之前，談判高手總是會想方設法的探明對方的心理，並試圖駕馭對方，以確保自己在談判中的優勢地位。

事實也證明，只要我們在談判中看穿了對方的意圖，並且迅速的做出有效的決定，就能夠在明槍暗箭的談判過程中占據主動。

推薦序

所以，我常說，談判就是一場微妙到不能再微妙的「心理戰」。

正如書中所言，當談判雙方坐到談判桌前，不管這張談判桌是實物還是虛擬的，必然會發生相應的心理變化，而舉止、表情、言行就是這些心理變化和心理活動的外在反應。這些反應有時是不自覺的，有時可能是故作姿態，以掩蓋真實的目的。

對此，我們一定要有清楚的認知。

當然，能夠彼此溝通資訊的，不僅僅是語言符號，有時可能是非語言符號，如說話的速度、音質、聲調乃至面部表情、手勢、體態等都能傳達出某種資訊。對此，我們一定要細心、細心、再細心。只有這樣，我們才能掌控談判的進程。

雖然我經歷過上百次的談判，仍然不敢自稱「談判專家」，因為我知道，如果沒有理論的總結，再多的談判實踐，也沒有用。

看了本書後發現，我在幾百次的談判實踐中隱約感覺到的正確方法，在書中都有展現。

所以我說，作者就是名副其實的「談判專家」。

作者請我寫推薦序，我也就斗膽應承了。因為，為這樣一本著作搖旗吶喊，我覺得是一件好事情。

張海良

前言

心理學並不複雜，談判心理學也可以簡單的濃縮成一句話：促使談判成功的關鍵是滿足彼此的需求。談判只不過是一個媒介，其內容是什麼並不重要，重要的是談判雙方可以在談判中得到需求的滿足。

當我們坐在桌前，不論這張談判桌是實物還是虛擬的，必然會引發相應的心理變化。我們在談判中可以看出，這些反應有的是不自覺的，有的可能是故作姿態，以掩飾其真實的想法。例如，當一個人丟了面子時，不一定都會不好意思，反而可能會微笑的望著你，以使你相信他不在意。但如果你細心觀察，也許就會發現他沒能完全掩飾的一絲懊惱的痕跡。

熟知心理學的人一定知道，在談判者各類表現的背後，可能潛藏著各種影響談判的心理因素，細心的談判者要隨時根據捕捉到的這些外在的反應資訊，及時調節談判的氣氛。我們必須知道，談判中能夠溝通彼此訊息的，不僅僅是語言符號，有時可能是非語言符號，例如，說話的速度、音質、聲調乃至面部表情、手勢、體態等。同樣一句話，說得緩慢、急促還是粗聲大調，是商議懇求還是頤指氣使，是面帶笑容還是板著面孔。

前言

經過多年的談判實踐，我認為，人的外在活動是傳達內心世界的感測器。例如，如果在談判中對方的腳尖不停的在點地，可能是你說錯了什麼話。當一個人神情緊張，他可能面部肌肉緊繃，過分專注、強笑或者冷笑。再如，咳嗽有時並不是一種病理的反應。有的人情緒不安，想藉此來調整一下情緒，有時也可能藉此來掩蓋說謊。而眨眼也不僅僅是一種使眼睛溼潤、排除落入眼內的細小塵埃的保護性生理反應。當人們在情緒激動時，眨眼的頻率就會提高。有時眨眼也被用來掩飾緊張等心理變化。人的許多內心祕密，還可能從一些微妙的行為中看出來。

所以在我看來，將心理學運用到談判之中是十分有必要的。

在談判中，談判者總是彼此首先積極主動的感知、認識、理解對方的生理特徵、談判動機、行為目的和心理定勢等。談判既然是人的一系列行為組成的過程，那麼，談判者必然受其心理活動的影響。各種不同的人聚集在談判桌前，性格、氣質、習慣、表情互不相同。表面上看，人們的行為顯得雜亂無章、難以掌握、不可思議，但在一個具有良好心理學知識素養的人眼中，則完全不是這樣。他可以透過現象的迷霧，捕捉到人的行為所遵循的共同理智的行為方式。

不管人們的行為或語言何等複雜，都是可以預測和理解的。

如果我們透過仔細研究，可以發現人們行為中的各種可以預測的因素，這些因素都能向外界傳達某種訊號。而捕捉這些可能影響談判效果的訊號，則是一個訓練有素的心理學專家在談判中的優勢。故此，在談判中運用心理學知識，有助於談判成功。對於一個富有心理學知識和談判經驗的行家來說，他能一眼看穿對方的心思或對方可能採取的行動。

總之，現實社會就是一個大談判桌，人們無時無刻不處於談判之中，不是自我談判就是與他人談判。不管你喜不喜歡，是否自願，都無法避免。鑑於此，本書將從心理學的角度為讀者揭示談判的技巧，並教會讀者怎樣在談判中洞悉人的需求、動機與行為的密切關係。學習談判心理，既有助於培養自身的心理素養，又有助於在談判中爭取自身的利益，可謂一舉兩得。

那麼，本書就帶領大家進入談判中奇妙的心理學世界。

前　言

第一章　談判就是一場心理戰

談判桌前的談判者必然都會發生相應的心理變化，舉止、表情、言行是心理變化和心理活動的外在反映。其實在談判者這些表現的背後，可能潛藏著各種影響談判的心理因素，細心的談判者要隨時根據捕捉到的外在資訊，及時調節談判的氣氛，這樣便能夠在談判中掌握主動權。

談判到底是什麼

談判到底是什麼？

有些人把談判視為爾虞我詐的鬥智過程，認為談判就是戰鬥，而談判的攻防戰術，也就是能成功的「請君入甕」或「不戰而屈人之兵」的巧言權謀。所以，一個成功的談判者就必須認真學習「兵法」，學會練就銳利的雙眼與鋒利的言辭，這樣才能掌握問題的重點，有的放矢。

而另一種說法則是從談判的結果上來看，這種觀點認為在談判中，每一方都在為自己不斷爭取最大利益，談判是唯一能讓雙方坐下來好好談談，協調出一個解決方案的方式。因此談判不是打仗，它只是一個「共同的決策過程」。透過談判的方式，衝突雙方得以共同決策，設法找出雙方立場的最大公約數或最小公倍數。這種談判就像是協商，也就是人們常掛在嘴邊的「雙贏談判」，這也是對談判的一種詮釋。

在我看來，談判是一種充滿智慧的遊戲。參與者遵守一定的遊戲規則，並在其中尋找讓自己滿意的談判結果。為了讓談判結果更接近自己的利益和要求，談判者要想盡辦法，運用盡可能合理的謀略讓談判沿著自己的要求發展。

雖然談判要講究規則，但也不是墨守成規的。談判是一種創意較強的社交活動，沒有哪兩個談判方案是完全一致的，可能適用於上次談判的方式，完全不適用於這一次。雖然每進行一定規模的談判活動，各方都要進行詳細、周密、認真的準備，但談判的效果與結果很大程度上要取決於談判人員的「臨場發揮」。所以，談判人員的應變能力、創造性、靈活性都是十分重要的。

一、談判要追尋的目標

我們已經知道什麼是談判，那麼談判的背後究竟要追尋一個什麼樣的目標呢？

透過我對談判的認知和了解，得出這樣一個結論：對於談判者雙方而言，談判並不是為了追求寸步不讓，或在談判桌前拚個你死我活的結局；談判所追求的其實是與對方充分交流，從雙方的最大利益出發，創造各種解決方案，並用相對較小的讓步換得最大的利益的途徑，而談判的雙方也應該遵循相同的原則來對彼此的條件進行交換。

談判高手總是會把談判看成是一種雙向的過程。在他們看來，談判的過程中對方所承受的壓力和你是一樣大的，一位真正的談判高手總是會想辦法來克服常人會有的恐懼心理，但這些卻並不容易做到。因為從心理學上看，在談判時，人們通常都會比較熟悉自己所面臨的壓力，但他們卻並不熟悉對方所要承擔的壓力。

所以說，在滿足雙方最大利益的基礎上，如果還存在達成協議的障礙，那麼就不妨站在對方的立場上，替對方著想，幫助掃清達成協議的一切障礙。這樣，才能制定出對談判雙方都有利的協議，而這樣的談判無疑是會成功的。

二、談判必須做好充足的準備

談判是我們在日常生活中不可缺少的一部分，因為談判始終貫穿著我們的生活，一旦脫離了談判，我們便會失去很多權利。那時我們就很難對別人去表達自己的真實想法，有了利益衝突時也不能好好的維護自己的利益。

要知道，談判結果的好壞對人的影響非常大，如果談判一旦沒能成功，將會帶來很多問題。所以，這就要求談判者在談判之前一定要做好充分的準備。

例如，一個員工要求老闆加薪，如果員工向老闆提出加薪的請求，被老闆拒絕了，情形可能變得很難：若繼續工作的話，勢必會影響以後雙方意見的溝通；若憤而辭職，轉謀他業，如果事先沒有尋找，經濟問題又面臨很大困難，而能不能找到一個比這份待遇還優越的工作，則又是一大問題。

如果員工在採取任何措施之前，直接向老闆提出加薪的請求，那他就必須明確他請求加薪的理由，並且在談話中應當注意自己的語氣、語調，因為他用來談判的籌碼並不多，只有證明自己是更具價值的，才有資格要求更高的薪資。而老闆依然可以自由的決定同意或拒絕員工的要求，此時，員工沒有太大的周旋空間。

相反，如果員工發現另覓新職的情形比較有利，或者已經有其他公司提出要聘用他，那麼，員工便可以開誠布公的向老闆說明自己具有要求加薪的資格，有較大的回轉空間。在前者所遇到的狀況裡，員工受制於老闆所以無法談判；而在後者的狀況中，員工握有足供交涉的王牌，即使老闆不為自己加薪，也不用擔心讓老闆留下不好的印象，因為有一家公司要聘請你，你完全可以辭職不做。

從這裡便可以看出，談判並不是一件簡單的事情，只有做好充分的準備才能獲得談判的勝利。

三、談判的基本原則

在一場成功的談判中，除了要做好前期的準備，還需要談判者熟練掌握談判的基本原則。

(一) 示形原則

在談判中，鑑於任何一位談判者參與談判都是為了謀取某種利益的特點，用示形的手段將某種利益資訊傳播至對手，是影響、支配對手心理的良策。

尤其是在面對敵對性質的談判時，示形原則不但可以吸引對手的注意力，影響其決策思維，還可以一點一滴的滲透至對方的意識圈內，逐步改變態度立場。

(二) 出奇原則

決定談判者成功的主要因素是談判實力和談判者的素養。談判實力不是一個固定的、用眼可以看到的物體，它具有一定的潛在性和可變性。

在談判活動中，談判者向對手突然宣布己方的某一決定，或揭露對方處於保密之中的資訊、動向、計畫等內容，均可以達到出奇制勝的功能。

在許多大型的談判中，用出奇原則指導談判心理戰，可以為解決談判難點提供更多的方法和途徑。出奇原則的謀略功能是，在短時間內增強己方的談判實力，對方因猝不及防，決策能力下降，因而導致談判實力也下降。

(三) 威懾原則

威懾原則主要用於調節衝突的談判。

其原則的根本是：透過顯示現有的或潛在的強大威力的力量，迫使對方心理上感到恐懼，使其放棄某種企圖，以消除這種企圖付諸實施所造成的威脅，有效的防止這一危險的發生。威懾的實施是透過暗示來完成的。因此，威懾的效益取決於被暗示人的心理素養和談判實力。

威懾原則的實施是從謀略的角度提出來的，因此，實施威懾，應把握對方的實力、談判背景及威懾的影響對談判進程的作用。否則，不恰當的威懾會中斷談判的進程。

(四) 擊虛原則

任何談判者、談判小組、談判集團，其談判實力無論是多麼強大，也會有影響實力持續下降的弱點。

擊虛原則要求談判者了解對手的談判實力的虛實，採取避實擊虛謀略，針對談判對手的虛實實施心理戰，削弱對手的實力，最終達到增強己方實力，創造有利於己的談判氛圍，並在此基礎上達成有利於雙方的協議。

（五）以迂為直原則

談判具有一定的對抗性，雙方都力圖說服對方，使自己獲得更大的利益。以迂為直原則為減少正面衝突提供了謀略方法。談判是不流血的抗衡，是智力的角逐。

因此，採用以迂為直原則指導談判心理戰有其奇效。

（六）讓步原則

讓步原則在於放棄小的利益而謀求長遠的、更大的利益。讓步是一種妥協的方式，而妥協的目的是多重性的。為了進，而主動退，是談判謀略的特色之一。

無論什麼形式的談判類型，在談判過程中不可避免出現僵局的情況。只有在談判者採用讓步原則作一定程度上的妥協，才可能打破僵局，推動談判進程。讓步是在不損害己方根本利益基礎上實施的。

主動讓步可以為解決矛盾帶來希望，因而具有一定的靈活性。

（七）共鳴原則

談判雙方只有在認知上一致，在談判觀點上形成共鳴，才可能使談判成功。實際的談判證明，只有談判雙方在認知、態度上認同一致，才可能達到雙方在談判活動中形成心理相容。

在許多談判場合，談判雙方因所持觀點、立場有異，無法做到全面的心理相容。在此情況下，談判者可選擇針對性的資訊，向對手施加心理影響，突破其心理防線，削弱大腦中具有對抗我方觀點的趨勢，使雙方的意識轉化為共鳴的理想狀態。

這些談判中所運用的原則，是從談判的謀略和談判心理學這兩大部分的特點所確立的。談判者在運用以上七項原則時，要充分考慮談判對手的教育程度、政治傾向、談判實力、利益關係、社會背景、政治氣氛、經濟氣候等因素。在知彼知己的前提下，方可動而成功。

談判無時不有，無處不在

談判充斥於我們的生活，與我們息息相關。可以這樣說，談判始終伴隨著人類社會的發展，存在於人類活動的各個方面。無論是政治、文化、教育、經濟活動中，還是在戰爭、領土、民族等重大問題的矛盾與衝突中，時時處處都有談判發生。

一、談判是日常生活的一部分

在現代社會，隨著人類社會生產力的發展，人們之間的交往越來越頻繁，需求處理的關係越來越複雜，談判的領域在擴大，談判理論也在拓展和延伸。如今正是一個談判無時不有、無處不在的時代，人們之間要相互交往、改善關係、協商問題，就要進行談判，也就是說談判是日常生活中的一部分，是一個人們無法迴避的生活現實。

那麼，人類為什麼要談判呢？

從本質上說，導致談判發生的直接原因是談判各方的需求，或者是自己所代表的某個組織有某種需求，而一方需求的滿足又可能無視他方的需求。

因此，談判雙方參加談判的主要目的，就不能僅僅以追求自己的需求為出發點，而是應該透過交換觀點進行磋商，共同尋找使雙方都能接受的方案。

每天我們都會多次與人談判，只是經常意識不到而已。可是它卻無時無刻不在我們的生活中，我們在扮演著各式各樣的談判者。

現實社會其實就是一個大談判桌，人們無時無刻不處於談判之中，不是自我談判就是與他人談判。不管你喜不喜歡，是否自願，都處在談判中。

曾任美國總統的甘迺迪在就職演講裡有這樣一句名言：「我們不要因心生恐懼才談判，但我們也絕不畏懼談判。」

在社會上，你可能會和他人發生衝突，解決這些衝突時，就需要談判。例如，你的工作需要同事協助，你交代了對方一下，可同事正忙著他自己的工作。這時候你就需要透過談判來解決這個問題，讓他明白你們的利益是共同的，都是為了工作。

司空見慣的在菜市場與攤販們討價還價也是一種談判，儘管你可能沒意識到。其實，談判並不是只有大事才可談，日常生活中，無事不可談。

二、一個日常生活中的小例子

大部分的父母親在撫養兒女時可能都遇見過這樣的難題——例如，在吃飯時，小孩子不肯吃青菜，吵著鬧著要吃點零食。作為父母肯定都知道，多吃蔬菜對孩子的健康有幫助，所以勸說小孩子吃青菜。可是孩子還小，並不能理解這些道理，而且和大多數同齡人一樣，非常喜歡吃零食。於是孩子和父母之間的談判不可避免的發生了。

這時父母也許為了勸說孩子吃青菜，提出一些類似「要把青菜吃完才有零食吃」的讓步條件。但大多數孩子還是不買單，偏偏要吃零食。而且孩子很可能提出諸如「肚子已經很飽了，只能吃零食了」或是「青菜不如零食好吃」這類毫無道理的理由，而且孩子說得理直氣壯，任憑父母又哄又勸，就是不理睬。

此時孩子的父母可能會被迫再次做出讓步，答應如果孩子吃一口青菜，就允許他吃零食。但似乎看到父母的妥協，讓孩子更加堅定了不吃青菜的決心。就這樣連哄帶騙，相信如果不使用特殊的手段，大部分父母都沒有什麼好的辦法勸服孩子放棄零食而吃青菜，而父母的一次次讓步的結果也只能是答應孩子吃零食，因為孩子的立場從來沒有動搖過。

其實像這樣類似的談判在日常生活中經常發生，例如，買房子、裝修房子、購買家具、購買電器、教育子女，就連夫妻雙方也會有許多分歧，而談判是解決這些分歧的最好方法。如果一個人是一位生活中的談判高手，那麼他在生活中遇到的麻煩就會減少很多。

由此可見，談判就是人們為了改變彼此的關係，滿足各自的需求，進行相互協商並爭取達成一致意見的行為。談判的目的就是從那些你需要的人中得到幫助，竭盡所能的獲得他人的好感，並從他人手中得到我們想要的東西。如此一來便可以發現，談判充斥在我們日常生活的每一個角落，而且無時不有，無處不在。

談判從本質上就是一場心理賽局

在我看來，談判從本質上就是一場心理賽局。為了將這一理論闡述清楚，我將一些在談判過程中經常會發生的心理賽局現象簡單的列舉出來，透過這六個心理現象能更加直接的了解到談判心理賽局是怎麼存在於談判過程中的。

（一）掩飾

在談判中，談判者即使出現一定程度的失誤，在心理上也不會承認，並總是在替自己辯護，透過這種方式，來使自己的疏漏合理化。這就是一種掩飾心理。

（二）逃避

在談判中如果出現了困境或令人焦慮的事情，談判者則會試圖以某種理由為藉口逃脫出來，並會滿腹牢騷且失去了挑戰精神。這種自我防衛心理對於談判者是極為有害的。

（三）反向作用

這是談判者受到某種心理壓抑而產生一種反向衝動的心態變化。處在此種防衛心理狀態的談判者，其外在表現與內心嚮往背道而馳。在談判桌前常能看到這種情況：談判者的某種需求遭到對方拒絕時，會表現出一副生氣的樣子，並宣稱退出談判，這就是反向心理的一種表現。

(四)同一化

同一化是指談判者將自己的位置與他人調換，以達到掩飾自己的缺點的目的。談判桌前常見把一些自己不好意思談或談不清或擔心被人反駁的話題，委託給他人去談。這便是一種同一化的心理反應。

(五)自我顯示

有些談判者經常藉由誇張、說謊或帶有戲劇性的言行，想以此來表現自己，達到譁眾取寵的目的。這是又一種自我防衛機制的行為反應。在談判中，細心留意這些言行，方能獲取對己方很有價值的資訊。老練的談判者還會借助於對方顯示自己的慷慨、果斷之機，以達到獲利的目的。但談判者不可對對方由於感情衝動而做出的慷慨承諾深信不疑。當自我顯示者重新認知自己的行為之後，會設法討回先前的承諾。

(六)暴躁

當談判者的銳氣受到挫折時，會產生一種激烈的攻擊反應，將自己憤怒的情緒直接宣洩出來，有時還可能透過無關的事物反映出來。如果談判者在談判桌上出現莫名其妙的情緒變化，可能就是攻擊心理的外化形式。有的談判者即使在家裡、公司裡或者公共場所遇到不快，也會在談判桌前暴露無遺。對此，我們要正確對待，不必太在意。

以上這些談判中的表現不過是一些基本的心理想像，從心理學的角度來看，這一現象就是人與人之間發生關係的過程，彼此認知、心理交流和互為影響的過程。不管人們的行為或語言何等複雜，都是可以預測和理解的。透過仔細研究，可以發現人們行為中的各種可以預測的因素，這些因素都能向外界透露某種訊號。而捕捉這些可能影響談判效果的訊號，則是一個訓練有素的心理學專家在談判中的優勢。

因此我們可以推斷出，談判在本質上就是一場心理賽局。在談判中運用心理學知識，會有助於談判的成功。對於一個富有心理學知識和談判經驗的行家來說，他能一眼看穿對方的心思或對方可能採取的行動。

談判中的決定性因素

我們經常會有這樣的疑問，是什麼決定了一場談判的走向和結果？是談判雙方的實力對比？還是談判者個人的心理素養？帶著這些疑問，接下來讓我們深入到談判中來尋找這些決定性因素。

一、談判的三個基本要素

參與過談判的朋友都知道，無論世界上哪一場談判，都會有一些決定因素，這三個要素便是：資訊、時間和力量。

(一) 資訊

要想進行一場談判，首先需要掌握準確的資訊。

資訊是處理事情的中心，是開啟成功之門的鑰匙，資訊往往影響我們對事物的判斷，左右我們最後的決定。在談判中，你所掌握的資訊會幫助你了解你的對手有什麼樣的需求，這樣就能夠幫助你更好的制定出相應的對策。

(二) 時間

世界上沒有無限期的談判，所以說談判有一定的時間範圍。

有時，時間的限制會對談判者增加很大的壓力，所以掌握時間限制的一方在談判中會具有十分明顯的優勢。如果沒有時間限制，對手會對最後期限無動於衷，這些會反過來對你構成龐大的壓力。

在一場對抗性很強的談判之中，最好的策略就是不要讓對方知道你的截止期限。截止期限更多的是你自己決定的。最後期限的彈性遠超出人們的意料之外，絕不要盲目遵從自己設下的期限，考慮一下超過期限的後果是否值得，再做決定。

(三) 力量

對於力量的概念，我們可以將其定義為解決、處理問題的能力，也可以認為是控制他人行為、控制事件進展以及駕馭形勢的能力。

談判最終所獲得的成果，很大程度上被雙方的力量對比所左右。力量是談判中最大的籌碼，它可以幫助你去影響甚至左右別人、解決問題、駕馭局勢。

從另一方面看，力量也可以看成是在某種程度上雙方談判人員的實力較量，是剛毅的手腕和謀略的比拚。可以說談判的成效如何，很多時候也取決於談判人員的專業知識和心理素養的綜合表現。

從這裡可以看出，談判是三大因素的完美結合：分析資訊、掌握駕馭時間、積極調動力量來影響別人的行為，其目的是協調各方面的需求，讓事情按照你所期待的方向發展。

二、談判者自身的心理素養

除去資訊、時間、力量這些基本因素，談判者的心理因素也決定了談判的成功與否。一個談判者自身的心理素養，也在很大程度上決定了談判的發展方向和結果，而一個談判者要想在談判中獲得成功，就必須具備堅定的信念、良好的耐心以及向對手展現出的誠意。

作為一個談判者，首先應當具備一種充滿自信心、具有果斷力、富於冒險精神的心理狀態，只有這樣才能在困難面前不低頭，風險面前不回頭，沉著、冷靜的正視挫折與失敗，當成功與勝利到來時，也要在對方面前表現出淡定和平和。

良好的心理狀態是獲得談判成功的心理基礎。只有具備必勝的觀念，才能使談判者的才能得到充分發揮，使自己成為談判活動的主宰。

那麼，良好的心態要從哪裡獲得呢？那就需要談判者不斷培養自己的信念、耐心和談判的誠意。

(一) 信念

我們往往將信念看成是人的精神支柱，是人們信仰的具體展現。一個人抱有什麼樣的信念，也就決定了他的行為和活動方式。

而一個談判者必須堅持必勝的信念，這裡不是僅僅指求勝心理，它有著更廣泛的內涵和更深的層次。因為，信念決定談判者在談判活動中所堅持的談判原則、方針，運用的談判策略與方法。

有些談判者為達到目的不擇手段，甚至採取欺詐、威脅的伎倆迫使對方就範，為獲得自己利益，不惜損害對方利益。這些做法雖然也是在求勝心理支配下出現的。但是我們不能提倡這種必勝信念，這是不道德的。

實踐證明，這樣做會為談判者帶來非常消極的後果。不擇手段的做法使你獲得了合約，也獲得了利益，但它使你失去了信譽，失去了朋友，失去了比生意更加寶貴的東西。

(二) 耐心

除了信念，耐心也是決定談判者能否成功的一大心理因素。

對於談判者來說，耐心是在心理上戰勝談判對手的一種戰術與謀略，也是成功談判的心理基礎。在談判中，有耐心的談判者表現得不急不躁，能夠很好的控制自己的情緒，掌握談判的主動權。

耐心還可以幫助談判者更多的傾聽對方的聲音，了解掌握更多的資訊；還有，耐心也可以使談判者更好的克服自身的弱點，增強自制能力，有效的加強、控制談判局面。

這裡有一個有趣的數據：人們說話的速度是每分鐘一百二十至一百八十個字，而大腦思維的速度卻是它的四至五倍。但如果這種情況表現在談判中卻會直接影響談判者傾聽，會使思想不集中一方錯過極有價值的資訊，甚至失去談判的主動權。所以保持耐心是十分重要的。

耐心還可以作為談判中的一種戰術與謀略，耐心使談判者認真的傾聽對方講話，冷靜、客觀的談判，分析談判形勢，恰當的運用談判策略與方法；耐心使談判者避免了意氣用事，融洽談判氣氛，緩和談判僵局；耐心使談判者正確區分人與問題，學會採取對人軟、對事硬的態度；耐心也是對付脾氣急躁、性格魯莽、咄咄逼人的談判對手的有效方法，是實施以軟制硬、以柔克剛的最為理想的策略方法。

而且從另一個方面看，大部分對談判有決定意義的讓步都是在最後期限即將到來之際做出的，所以一定要有耐心。堅韌持久的耐力才是真正的本事。在談判中要盡量控制情緒，冷靜判斷形勢，尋找有利時機。

所以一定要相信，忍耐之後必有回報。等一等、忍一忍之後，你能夠發現原本撲朔迷離的事情頓時柳暗花明。當不知道如何做時，最好什麼都不做。

(三) 誠意

談判就是兩方以上的合作，而合作能否進行，能否獲得成功，還要取決於雙方合作的誠意。也就是說，誠意貫穿談判的全過程，而談判需要誠意。

受誠意支配的談判心理是保證實現談判目標的必要條件。在我看來，誠意是談判必備的心理準備，只有談判雙方都抱以誠意才能達到最佳的合作。

可以說信念、耐心、誠意是談判中的另外三大決定性因素，它們與資訊、時間、力量相比較，更加考驗一個談判者的個人因素。而這些因素之間相互融合，成為了談判中的決定性因素。

談判中的心理效應和心理盲點

在談判中，談判者不可避免的會進入到一些心理效應和心理盲點裡，有時這些會為談判者帶來錯誤的意識，使其失去準確的判斷力，導致談判的失敗。那麼談判者應該怎樣避免進入到錯誤的心理效應和盲點之中呢？下面為大家詳細講解談判中的心理效應和盲點。

一、談判中的心理效應

從心理學的觀點上看，心理效應就是社會生活當中較常見的心理現象和規律。這種心理現象和規律表現在由於某種人物或事物的行為或作用，從而引發出其他人物或事物產生相應變化的因果反應或連鎖反應。這種效應一般具有積極與消極兩方面的意義。

那麼什麼是談判中的心理效應呢？為了更好的解釋這個問題，首先由我為讀者列舉一些談判中經常出現的心理效應。

（一）暈輪效應

暈輪是指太陽周圍有時出現一種光圈，遠遠看上去，太陽好像擴大了許多。

暈輪效應是指人對某事或某人好與不好的知覺印象會擴大到其他方面。最典型的是，如果一個人崇拜某個人，可能會把其看得十分偉大，其缺點也會被認為很有特點，而這些缺點出現在其他人身上，則不能忍受。

這種暈輪效應，就像太陽的光環一樣，把太陽的表面擴大化了，這是人們知覺認識上的擴大。如果一個人的見識、經驗比較少，這種表現就更加突出。

暈輪效應在談判中的作用既有積極的一面，又有消極的一面。如果談判的一方給另一方的感覺或印象較好，那麼，他提出的要求、建議都會引起對方積極的響應。他要求的東西也容易得到滿足。如果能引起對方的尊敬或更大程度的崇拜，那麼，他就會發揮威懾力量的作用，完全掌握談判的主動權。

但如果給對方的第一印象不好，這種暈輪效應就會向相反的方向擴大，甚至他會對你提出的對雙方都有利的建議也不信任。總之，他對你提出的一切都表示懷疑、不信任或反感，尋找藉口拒絕。

（二）銘印效應

銘印效應是指人們習慣於在沒有看到結論之前就主觀的做判斷。在談判中可以經常見到，有的談判者不等某人說完話就打斷他，想當然的認為對方就是這個結論。銘印效應直接影響人們的知覺認識、影響人們的客觀判斷。這是由於人們日常活動的經驗、定向思維和習慣作用的影響。例如，人們看到照片上：長條會議桌的兩邊坐著兩行人，中間插著兩國國旗，經常判斷為是兩國之間的政治性談判或大型企業的國際間的談判。

銘印效應的結果可能是正確的，也可能是錯誤的。最主要的是它影響、妨礙人們對問題的進一步認識，是憑主觀印象而下的結論，這在談判中常表現為猜測對方的心理活動。

（三）初始效應

在知覺認識中，一個最常見的現象，就是第一印象決定人們對某人、對某事的看法。這在心理學上被稱為初始效應。

當人們與某人初次見面時，有時會留下比較深刻的印象，甚至終生難忘。許多情況下，人們對某人的看法、見解、喜歡與不喜歡，往往來自於第一印象。如果見第一面感覺良好，很可能就會形成對對方的肯定態度，否則，很可能就此形成否定態度。

正是由於初始效應的決定作用，優秀的談判者都十分注意雙方的初次接觸，力求讓對方留下深刻印象，贏得對方的信任與好感，增加談判的籌碼。

人們初始印象的形成主要取決於人的外表、著裝、舉止和言談。通常情況下，儀表端正，著裝得體，舉止大方穩重，較容易獲得人們的好感。

根據這些談判中經常出現的心理效應我們可以看出，談判中的心理效應也具有普通心理效益的特點，它來源於普通的心理效應，也同樣具有兩面性。

二、談判中的心理盲點

結合心理學觀點來看，談判中的心理盲點，指的就是導致談判者阻撓有效談判的各種心理盲點。它是由於談判者很難確定適當的利益關係，透過扭曲的心理視角來看待談判過程所引發的。

首先，我們來看導致談判者產生錯誤心理的因素。

（一）「蛋糕的大小是固定的」的思維定勢

也許你熟知「非贏即輸」式談判的概念，在這類談判中，一方的所得就是另一方的所失，反之亦然。

這類談判往往將談判中的利益看成是一塊大小不變的蛋糕，如果我得到的部分越大，對方得到的部分就越小。雖然這種觀點完全違背了雙贏談判的原則，但人們總是頑固的抓住對內在矛盾的認知不肯放棄，即使他們的真正利益完全可以兼顧。

（二）於己有利的角色偏見

很多時候談判人員還喜歡固執的從對自己有利的角度分析各種資訊。

這是一種談判中普遍存在的現象，它不僅在估價時出現，還延伸到估算自己在談判中獲勝的機率、在衝突中占上風的可能性，以及諸如此類的情況。

(三) 派系觀點

談判人員在對事實進行分析時，會經常犯派系觀點的錯誤。

存在派系觀點的人對對方的預估非常容易出錯，特別是雙方處於敵對的情況下。我們常說旁觀者清，在談判即將陷入崩潰時，往往談判雙方對對方的認知常常是誇大其詞、傾向負面的。

這時談判者的心理具有一種無意識的機制，使他們傾向於認為自己「更聰明、更誠實、更正直」，同時貶低甚至詆毀對立方。這種心理常常使談判者認為對方的立場言過其實，並過高的預估實際的矛盾。

三、如何避免產生錯誤觀念

透過以上這些分析我們可以知道，在談判中存在的心理盲點會為談判者帶來很多不利影響。那麼我們如何避免產生這樣的錯誤觀念呢？

(一) 避免倉促上陣

無論與怎樣的對手進行談判，都必須要做好準備才能上陣。如果發現雙方的談判十分倉促，你對對手的了解知之甚少。這時就應該在對方要求開始談判時，就以實情相告，告知對方自己準備不夠充分，暫緩談判。在此期間，你還可以乘此大好時機詢問對方處境。

即使探查不到對方的處境，你也可以從正面或側面問一問他們的背景和歷史。並且在交流過程中，仔細留意其各種資訊。我在這裡奉勸大家，在你沒準備好之前最好先去聽對方說些什麼。

(二) 避免找錯談判對象

我們都知道，談判對象的選擇要以他是否有決定權為標準。

這就要求談判者在開始談判前首先掌握對手的基本情況，只有知道對方有權力做出決定時，你才算找對了人。

這裡其實有一個盲點。大多數人不願在談判開始前向對手提問這樣的話題，因為他們認為高階領導階層就是談判的合適人選。但是實際上，對談判來說，跟一個級別過高的主管談判還不如跟一個級別低的人談判，因為高層主管可能並不十分了解所有的談判細節。

所以，談判者一定要在談判開始前想方設法了解對手的基本情況，避免找錯談判對象。

(三) 避免害怕失去對談判的控制

在我看來，害怕失去談判控制權這個想法本身就是錯誤的。

其實談判並不在於控制，它的本質是為了找出最佳的解決方法；為了交換意見、求同存異；為了向著雙方都認為有價值的目標前進；為了建立良好關係。

所以，如果你總是擔心失去對談判的控制力，那麼你不妨問問自己，你究竟想要在談判中得到什麼？

（四）避免力不從心的進行談判

如果你在談判中開始感到力不從心，那麼千萬不要讓這種感覺放任下去，否則會讓你在談判中出現本可以避免的失誤。

當你已經感覺自己出現力不從心時應該怎麼辦呢？這時你應該即時叫停談判，冷靜的思考一下你為什麼會出現這種心態，避免勉強繼續談判。

其實你大可將這種感覺當作是一個響亮的休息鈴。中斷，重整思路，想出別的解決方法。

經歷過談判的人都會知道，當談判者覺得力不從心時，基本上都是因為準備不足造成的。此時，需要中止談判。你可以說：「你看，這可難住我了，我得再好好研究一下這個問題。」或者說：「在這件事上，我還需要多收集一點情況。」總之，一定要中止，另想辦法。

（五）避免固執己見

通常談判者很容易便會陷入到固執己見的錯誤中去。也就是說，如果你已經認定了一種解決方法，就不會接受任何別的建議，你會覺得解決方法只能是你提出討論的那種。更為嚴重的是，認定在談判剛開始時提出討論的解決方式是唯一方式的做法，它往往是錯誤的。

固執己見、鑽牛角尖的根源也依然是準備不足。

為了避免在談判中出現固執己見，你可以設定出一個對談判目標的限度，在選出你該怎麼做，列出所有的可選項，選出你要做的。那麼如果你與現在的談判對手就某一點達不成協議，你也知道該怎樣處理。當你經過了這些步驟以後，你就不大可能鑽牛角尖了。

（六）避免總是苛求完美的表達

每一個人都可能有過這樣的經歷，即使自己認為準備了最充分的表達方式和語言，也總會在事後想起更好的表達方式來。

談判中，比起聰明的表達來，清楚的表述你的想法才是最重要的。聰明的表達是有趣、令人欣賞和使人滿意的，但清楚的表達卻有助於你獲勝。如果第二天早晨你醒來以後，發覺自己表述得不夠清楚，只須以澄清來開始下一輪談判就可以了。

（七）避免為別人的錯誤自責

當情況變得不好時，許多人都會自責，哪怕並不是他們的錯。

我在這裡勸告大家，一定要抵制這種情緒的出現。想想自己為什麼要為與你無關的事而自責呢？這種想法是明顯缺乏自信心的表現。

（八）避免游離了初設目標和限度

大多數談判者在開始談判時總是喜歡為談判設定目標及其限度。然而，隨著談判的開展，有些談判者又很容易將它們忽略。

這是因為，由於沒經過仔細考慮，這些談判者在談判開始前將目標定得與實際情況相違背，而在隨後的談判中又過於沉醉其中，導致其忽略了一開始所制定的目標和限度。

所以，為了避免這種狀況的發生，談判者應該從實際出發，制定出符合談判雙方利益的目標和限度，並在談判中始終堅持它。

綜上所述，談判者只有在談判過程中避免上述的情況發生，才能夠更好的將談判進行下去，為自己或公司贏得最大的利益。

第二章　談判需求和動機分析

利益差異與利益互補之間的交錯，就形成了談判的需求和動機。你我具有尚未滿足的不同的需求，這是使我們成為談判者的動因；而你我具有滿足對方需求的能力，這是使我們走向談判桌、謀求相互合作的前提。有時雖然一方的或彼此的動機並無善意，但只要有這個基礎，談判往往能結出成果。

談判過程中的心理變化

但凡坐在談判桌前，談判者的心理變化都會變得十分豐富。這時，談判者的認知、水準、修養等自身素養都能對其心理變化產生決定性的作用，從而表露出個性、感情和追求等方面的內容，反映出心理活動產生的主觀因素。所以說，談判者的心理活動一般都分為主觀性與客觀性這兩重性質。

因此在談判過程中，不同的條件、因素還有環境，都會引起談判者的主觀因素與客觀因素的變化，進而引起談判者的心理變化。談判中的心理變化也就成為談判者態度的轉變標記。

談判的心理變化是指人在談判中產生心理活動的過程。它包括認知過程、情感過程和意志過程。它們在談判中都經歷著發生、發展和完結的過程，統稱為談判過程中的心理變化。

曾經有心理學專家將談判者在談判中心理變化的過程分為：認知過程、情感過程和意志抗爭過程三大類。

一、認知過程

在談判過程中，雙方都是透過各自的感覺、知覺、記憶、思維和想像，來實現對所談及事物的由淺入深、由現象到本質的認識，這些心理活動在心理學上統稱為認知過程。

例如，談判桌上的察言觀色、八面玲瓏，靠的是視覺和聽覺；而刻骨銘心則指的是記憶，浮想聯翩、遐思綿綿是想像；舉一反三是推理判斷，即為思維。這些談判過程中的心理活動都有各自的特徵和規律性。

如果談判者注意掌握運用這些規律，採取適當的方法和手段，必將能更有效的影響對方的談判行為，收到事半功倍之效。

二、情感過程

情感過程是無法用語言來表達出來的，但它的作用卻無法被忽視。我們都知道，在談判中即使談判雙方來自不同的國家、不同的民族，或者他們彼此間的語言不通，生活習慣也不盡相同，但至少有一點是相同的，他們對所談及的一切事物並不是無動於衷的，而總是對它們表現出一定的態度，並產生主觀上的情緒和情感。

情感過程是談判活動的一個重要方面。尤其是在華人這樣人情味更重的社會中，感情可能比說服更為重要，這也正是目前許多談判高手十分重視感情投資的主要原因。

心理學對情緒的研究證明：情緒對人的行為具有極大的影響作用。積極樂觀的情緒可以提高人的思考能力，使問題更容易得到解決，相反，消極鬱悶的情緒往往會使人的思考能力下降，活動能力降低，使談判不能順利進行。

所以，作為談判當事人，不僅需要自己在談判中保持良好的心情，愉快的情緒，同時更要緊緊抓住對方的感情脈搏，並施加影響，以便左右對方的談判行為，順著有利於自己的方向發展。

談判的心理戰術有時被用於情緒和情感的心理過程上。

例如，在某些情況下，談判者試圖攪亂對方的情緒，甚至激起對方的憤怒之情，迫使其進入不理智的境地。在這種情況下，對方分析問題、解決問題的能力就會下降，從而導致對某些問題做出讓步。

但要注意不能過分，否則對方會因此而終止談判或使談判陷入僵局。其實這只是情緒「心理戰」的一個方面，在大多數情況下，談判雙方都是圍繞各自的需求，增進雙方感情交流，並在相互友好的氛圍中達成雙方都獲利的協議。

三、意志抗爭過程

談判者為了實現一定的談判目的而主動的調整自己的行動，去克服困難的心理過程即談判的意志過程。它是談判者主觀意識的能動表現。

實際上，在正式談判之前，談判的最終結果就以某些意識到的觀念存在於談判者的頭腦之中，並以此為前提確定目的、擬定計畫、付諸實施，使預定的談判目的在經歷許許多多的困難後，仍能得到實現。這當中展現在頭腦中的確定和實現談判目的的過程，就是談判的意志過程。

意志在談判中具有特殊的意義。談判者有了堅強的意志就能戰勝談判中的重重困難，跨過一個又一個的障礙，獲得談判的最後勝利。例如，談判局勢對某方來說已近渺茫的地步，但談判者卻能沉著冷靜、堅持不懈的執行既定方針，最終又使談判迎得了新的轉機。

由此可見，對於談判者來說具有堅強的意志品格是非常重要的。但另一方面，由於談判活動的特殊性，在某些情況下，如果雙方完全進入單純意志力的較量時，必然會使雙方僵持不下，談判無法進行。所以，從這一角度來說，對於談判者的要求是：意志不可無，意志較量要巧妙，意志較勁不可取。

了解談判者在談判中心理變化的過程是十分必要的。因為這些談判過程中的心理變化具有很強的變數，使其呈現出明顯的階段性特點。一般是以時間為階段，也有以內容劃分為階段，還有以人員以及地點的變化為階段。這就要求談判者要注意談判心理的變化特徵，判斷其心理處在哪種階段，以便及時調整談判對策，引導談判進程或保持談判立場。

談判的需求和動機

心理學上對需求與動機做出過這樣的定義：需求引發動機，動機驅動行為。當然，談判中的需求與動機也是如此。所以，談判人員必須抓住需求——動機——行為的這一關聯去對談判活動進行分析，只有這樣才能準確的掌握談判活動的脈搏。

一、什麼是談判的需求

談判的奧妙在於掌握對方的需求。可以說「需求」是談判的核心，談判起因於需求，需求和對需求的滿足是談判的共同基礎。

大家細想一下，要是不存在需求，我們何須與他人談判？進一步想，要是我們無法滿足他人的需求，他人又怎麼會與我們談判？所以，談判起因於需求，需求和對需求的滿足，即我有自身需求，又有滿足他人需求的能力，他人有自己的需求，又有滿足我的需求的能力，能彼此滿足，這就成為談判的共同基礎。

需求是人缺乏某種東西時產生的一種主觀狀態，是人對一定客觀事物需求的反映，也即是人的自然和社會的客觀需求在人腦中的反映。

所謂客觀需求，可以是人體的生理需求，如一個人長時間在酷熱的陽光下活動，出汗過多，體內水分失調，口乾舌燥，這會透過神經傳達到大腦，使人產生喝水的需求。

客觀需求也可以是外部的社會需求，一個從事某個方面專業活動的人，如果缺乏必備的專業知識，其活動就難以順利展開。只有補充了必備的專業知識，他才能順利的進行活動，這就是一種社會需求。這種社會需求一旦被這個人所接受，就會轉化為對專業知識學習的需求。

需求有一定的事物對象，它或者表現為追求某東西的意念，或者表現為避開某事物，停止某活動而獲得新的情境的意念。需求有周而復始的周期性，會隨著社會歷史的進步，一般由低階到高階，簡單到複雜，物質到精神，單一到多樣而不斷的發展。

有了以上的認知，我們就可以對談判需求的含義做出概括。所謂談判需求，就是談判人員的談判客觀需求在其頭腦中的反映。

二、需求類型

前面我們提到什麼是談判的需求。但我們知道，對於一個人來說，他的需求是多種多樣的。並且各種需求不是孤立存在的，而是互相關聯的一個統一的需求。

下面我們從心理學的角度對人的需求分成七個種類，並對這些需求類型及層次進行如下分析。

（一）物質生活需求

物質生活需求是人類的一切需求中最具體的需求。人類最重要的需求就是能夠生存下去，維持生命，並且這一需求指的是物質需求，即必須有食物、水、氧氣、排泄、休息、住房等。在這種維持身體健康的需求未得到滿足之前，人不會對其他形式的需求發生更多、更大的興趣。他的思想和精力全部投入到尋找生存的必需品中，而無暇顧及其他。

所以，它也是一種無法迴避的最低層次的需求。

（二）安全需求

當人的物質需求得到基本滿足之後，就會進而追求和滿足安全需求，即努力達到舒適、穩定和安全。

這裡所說的安全需求不僅包括保證不遭到身體和情緒上的損害，也包括身體的實際安全，如勞動安全、職業安全、生活穩定，希望免於自然災害、戰爭動亂；擺脫瘟疫和病痛；防止外人的盜竊、掠奪、傷害，以維護自身正常的存續下去。例如，原始人常為了填飽肚皮，不得不冒著生命危險去與野獸搏鬥。人類只有隨著生產力的發展，溫飽基本得到滿足後，才會考慮到定居下來的安全防備問題。

(三) 社交需求

社交需求是人類生存和發展的需求。

當一個人的物質和安全需求獲得了相對的滿足，他就會產生一種社交需求，又稱為愛與歸屬的需求。他需要從屬於他人，需要被一個與他關係親密的團體所接受。在現實生活中，每個人都希望得到友誼、愛情、配偶與孩子，同時，還希望被那些和他一起工作的關係密切的朋友、同事等團體所接納。他既要從別人那裡獲得愛的享受，又要給予別人愛的溫暖。如果一個人被別人拋棄或被拒絕於團體之外，他便會產生一種孤獨感，精神不免受到壓抑。

(四) 自我尊重的需求

所有人都有自尊心。一個有自尊心的人很希望受到別人的尊重，即希望得到別人的認可、賞識和尊重。這就產生了兩個方面的追求：一方面是渴望有實力、有成就、能勝任工作，渴望獨立與自由。另一方面是對名譽、威望的嚮往和對地位、權力和受人尊重的追求。

滿足獲得尊重的需求，會使一個人感到自己活在世界上是個有用的人；反之，便會使人產生自卑感，認為自己無能。因此，在社會互動中，你尊重別人就會自我尊重，而自我尊重又會贏得別人對你的尊重。

(五) 自我實現的需求

人們一旦滿足物質生活需求、安全需求、社交需求、自我尊重的需求之後，會產生一種新的需求，即自我發掘。這種需求的目的就是自我實現。自我實現是指人們希望完成與自己的能力相稱的工作，使自己的潛在能力得到充分的發揮，成為自己所期望的人物。

電腦工程師希望從事自己的專業，歌唱家希望能唱歌，作家必須寫作，老師必須教書。這樣才能使他們感到最大的快樂。我們把這種需求叫自我實現。然而，不同的人的自我實現程度是不相同的，滿足自我實現的途徑也是不同的。

(六) 認識和理解的需求

在一個正常人的身上，存在著一種尋求、探索和理解自己周圍環境的知識的基本動力，一種好奇心策動和激發著人們去嘗試。探索和解釋未知的需求，是人類行動的一個基本要素。

認識和理解的需求，必須以自由和安全為先決條件，只有在自由和安全條件下，這種好奇心才可能得以充分發揮。

(七) 美的需求

人類的行為還被某種對所謂美的需求所策動，處在美的氛圍中，會使人心情舒暢，精力充沛；處在不佳的氛圍中，會使人感到壓抑、苦惱和精神疲憊。美的事物引發人們愛的心理和行為。

物質生活的需求、安全需求、社交需求、自我尊重的需求、自我實現的需求、認識和理解的需求，還有美的需求，是一級一級上升的，當低一階需求獲得相對滿足以後，人們就追求高一階層次的需求，並依次作為奮鬥的動力。

三、談判的動機

動機是促使人去滿足需求的驅動力，換而言之，動機是推動一個人進行活動的內部原動力。在日常生活中，動機是引起和維持一個人的活動，並將活動導向某一目標，以滿足個體某種需求的念頭、願望、理想等。而談判動機則是指，促使談判人員去滿足需求的談判行為的驅動力。

一般來說，動機的產生是由內在因素和外在因素這兩大因素決定的。內在因素所指的是需求，即因個體對某些東西的缺乏而引起的內部緊張狀態和不舒服感，需求產生欲望和驅動力，引起活動。外在因素包括個體之外的各種刺激，即物質環境因素的刺激和社會環境因素的刺激，如商品的外觀造型、優雅的環境、對話者的言語、神態表情等對人的刺激。

動機與需求既相互關聯，又有區別。需求是人的行為的基礎和根源，動機是推動人們活動的直接原因。當人的需求具有某種特定目標時，需求才能轉化為動機。一般來說，當人產生某種需求而又未得到滿足時，會產生一種緊張不安的心理狀態，在遇到能夠滿足需求的目標時，緊張的心理狀態就會轉化為動機，推動人們去從事某種活動，向目標前進。當人達到目標時，緊張的心理狀態就會消除，需求得到滿足。

四、談判動機的類型

我們已經了解了談判的基本動機，那麼談判的動機有哪些具體類型呢？很多心理學專家對此都有不同的看法，但我認為談判的動機具有以下四種類型：

(一)經濟型動機

此類動機是指談判者對成交價格等經濟因素很敏感，十分看重經濟利益，談判行為主要受經濟利益所驅使。

(二)衝動型動機

此類動機是指談判者在談判決策上表現出衝動，談判決策行為受情感等刺激所誘發。

(三)疑慮型動機

此類動機是指談判者的談判行為受疑心和憂慮的影響，由此引發謹小慎微的談判行為。

(四)冒險型動機

此類動機是指談判者喜歡冒風險去追求較為完美的談判成果而形成的談判動機。

可以說，談判中的動機與需求既相互關聯，又有所區別。需求是人的行為的基礎和根源，動機是推動人們活動的直接原因。當人的需求具有某種特定目標時，需求才能轉化為動機。

由此可見，當人產生某種需求而又未得到滿足時，會產生一種緊張不安的心理狀態，在遇到能夠滿足需求的目標時，緊張的心理狀態就會轉化為動機，推動人們去從事某種活動，向目標前進。當人達到目標時，緊張的心理狀態就會消除，需求得到滿足。作為一名談判者，應該學會洞察對手的需求和動機，隨時調整自己的談判策略，以達到對談判的掌控。

談判的期望和目標

推動談判者參與到談判中的基礎和根源是人的需求。但心理學對需求與動機問題的研究顯示，真正推動人從事談判活動的動力是動機，而不是需求，只有當需求具有某種特定的談判期望和目標時，需求才能轉化為談判動機，從而驅使人為實現自己的期望和目標而努力。

可見，除了需求之外，期望和目標亦是驅使人進行談判必不可少的又一因素。那麼，人的需求與期望和目標之間到底有什麼關係呢？

一、期望理論

通常，談判的雙方代表為了某種需求，總是想方設法努力去實現自己的談判目標。當這一談判目標還沒有實現時，這種需求就變成一種期望，於是期望就會構成了一種龐大的力量，驅使人向著目標前進。

這種驅使人前進的力量就是談判期望理論所講的激勵力量。

期望理論認為：人總是渴求滿足一定的需求和達到一定的目標，這個目標反過來對於激發一個人的動機具有一定的影響，而這個激發力量的大小，取決於目標價值（效價）和期望機率（期望值）的乘積。期望理論可以用如下公式表示：

激發力量＝效價 × 期望值

其中，激發力量是指調動一個人的積極性，激發人內部潛力的強度。目標價值又稱為效價，它是一個心理學上的概念，是指一個人所從事的工作或所要達到的目標的效用價值，或者說，達到目標對於滿足個人需求的重要性。

這裡所提到的期望值也叫期望機率，它是一個人憑著過去的經驗來判斷行為所能導致的結果，或所能獲得某種需求的機率。由此可見，過去的經驗對一個人的行為有較大的影響。

讓我們在後面看這個公式，假如一個人把目標的價值看得越大，預估能實現的機率越高，那麼，激發的動機就越強烈，煥發的內部力量就越大；相反，如果期望機率較低，或目標價值過小，就會降低對人的激發力量。

用期望理論來分析談判活動，對談判者具有一定的啟發意義。幾乎任何一個談判都離不開雙方的討價還價，這實質是一個對雙方的各自目標不斷調整的過程。

為了更好的闡述這個觀點，我們可以舉一個小例子。

A、B雙方進行某一買賣交易，賣方要提出自己的報價（目標），那麼買方代表這時至少要考慮到兩個問題：一是這一價格合理嗎？能為我方帶來多少好處？這實質是一個值不值得買的問題。二是以我方現有的財政等情況能買下嗎？即可不可能實現這一目標的問題，或者說，是對協議能否達成的可能性的一種盤算。

實際前者涉及的就是效價問題，後者則是期望值的問題。如果買方認為，這一價格很合理，值得買，也就是效價高；並且自己目前完全有能力買下，對談判協議的達成充滿信心，也就是期望值大。

那麼，談判對買方就有很高的吸引力和積極性，就能煥發出極大的內部潛能，全力以赴促使協議的達成。否則，效價和期望值如有一者降低時，都不可能使買方產生達成協議的強烈願望和積極性，也就是不能產生談判的激勵力量。

可見，期望和目標以及兩者的關係是談判激勵力量的泉源，是談判獲得成功的保證。所以，一個成功的談判者必須要了解和掌握這些問題。

二、如何找準談判雙方的期望和目標

合作是談判中互相讓步達成一致的結果，在工作和生活中，到處存在著合作的可能，當然也就離不開談判了。其實只要能夠準確的判斷出對手的期望和目標，談判並不困難，能夠做到以下幾點，便可以算得上一名合格的談判者。

（一）心態

在談判中樹立良好的心態，我認為是很重要的。有時談判雙方未必都處在完全公平、合作意願同樣強烈的前提，但正是因為如此，更需要有好的心態，尤其自己處於供大於求的賣方市場時。只有樹立良好的心態，才能夠準確的掌握住對手的期望和目標。

（二）將自己假設成對方

在思考談判的對策時，你可以把自己假設成對方，試著想一下對方會關心什麼樣問題，他會忌諱什麼、擔心什麼、希望得到什麼。這樣你才能找到對手的期望和目標，並以此與對方談判，你們的合作就能很好的達到雙方預期的目標。

(三) 與對方交換資訊

俗話說：「知己知彼，百戰不殆。」雖然在談判中我們的談判策略、底線、選擇等資訊都不能洩露給對方知道，但也不是什麼樣的資訊都不能傳達給對方。相反，你應該透過交換的手段與對手互換資訊，這樣才能真實的判斷出對手的期望和目標。但要注意，與對方交換資訊要懂得點到即止，同時，多用問話式語言巧妙挖掘對方這些資訊。

(四) 不要太精明

如果你能夠在談判中做到讓對方欣賞你的誠信、你的品格、你的可靠等，對方很可能就會向你透露出自己的期望和目標。所以在談判中不要表現得太精明，精明的人通常被別人加倍的防範和牴觸。

(五) 了解對方的一切資訊

在談判中，對方的一切資訊都有可能會告訴你他的期望和目標，例如，對方的行業、前景、現狀、過去，可以的話，還要了解對方的競爭對手和自己的競爭對手。這樣，對方的期望和目標就會暴露在你的眼前。

當你已經準確的了解到對方的期望和目標，那麼你就可以在對方所走的每一步前，做好應對的準備。這時你就會發現，整個談判的進程已經完全掌握在你的手中。

第三章　開始階段的談判策略

在你與談判對手開始接觸的初期階段，一個好的策略可以為你成功的結局打下良好的基礎。因為在談判進程中你會發現，你所前進的每一步都依賴於在一開始創造的氣氛；你所提出的每一個要求和你在談判中的表現，都必須是你精心策劃的一部分，因為它包含著談判的所有因素。所以，一個建立在對買家、市場、買家的公司進行審慎評估基礎上的開局策略，決定著你最後是贏還是輸。

報價要高於預期

我們都知道，談判的結果是為了實現雙贏。然而在現實生活中的買賣雙方，買方想要壓低價格，而賣方則想要抬高價格，這種抱有不同目的的雙方是不可能實現真正的雙贏的。這時，那些所謂談判高手的價值就會展現出來，他們能夠在談判中既獲得勝利，又能讓對方覺得自己也贏了。

為什麼那些談判高手能夠做到這些呢？這是因為他們在談判開始時，報價會高出原先的預期很多，以便為自己的談判留有周旋的餘地。因為在談判的過程中，降低價格是很常見的讓步手段，往往一個談判高手會在談判雙方陷入僵局時打出降價的底牌，這在對手的眼中是一種讓步，但其實降價的幅度並沒有超出原先的底線。

一、報價高於預期的好處

從心理學的角度上來看，當對手認為自己在談判中迫使你選擇降價，會產生一種滿足感，進而一些原先被他認為是不合理的價位，也就可以欣然接受了。這也就是談判高手喜歡選擇將報價高於預期的原因。

一九七二年十二月，英國首相柴契爾夫人在歐洲共同體的一次高峰會議上表示，英國在歐洲共同體中負擔的費用過多。她說，英國在過去幾年中，投入了大筆的資金，卻沒有獲得相應的利益，因此，她強烈要求將英國負擔的費用每年減少十億英鎊。這是一個高得驚人的要求，歐洲共同體其他成員國領袖，認為柴契爾夫人的真正目標是減少三億英鎊（其實這也是柴契爾夫人的底牌）。於是他們認為只能削減二點五億英鎊，一方的提案是每年削減十億英鎊，而另一方則只同意削減二點五億英鎊，差距太大，雙方一時難以協調。

然而，這種情況早在柴契爾夫人的預料之中。她的真實目標並不是十億英鎊，但她的策略是用提出的高價，來改變各國領袖的預期目標。在她的底牌沒有被發覺或沒有被確證之前，她決心以此好好玩一把。

柴契爾夫人告訴下議院，原則上必須按照她提出的方案執行，暗示對手並無選擇的餘地，同時也在含蓄的警告各國，並對在歐洲共同體中同樣有較強態度的法國施加壓力。針對英國的強硬態度，法國採取了一些報復的手段，他們在報紙上大肆批評英國，說英國在歐洲共同體合作事項中採取低姿態，企圖以此來解決問題。

面對法國的攻擊，柴契爾夫人明白，要想讓對方接受她提出的目標是非常困難的，所以，必須讓對方知道，無論採取什麼手段，英國都不會改變自己的立場，絕不向對手妥協。由於柴契爾夫人頑強的抵制，終於迫使各國領袖做出了很大的讓步。最終，歐洲共同體會議決議同意每兩年削減開銷八億英鎊。柴契爾夫人的高起點策略，獲得了很好的效應。

透過這個案例我們可以更加清楚報價高於預期的幾個好處。

（一）它可以讓你有更大的談判空間

之所以這麼說，其實道理非常簡單，如果你是買家，你隨時都可以提高價格，但卻很難降低價格；如果你是賣家，你也隨時可以降低價格，但卻很難增加報價。

(二) 對方可能直接答應你的條件

當你開出一個自認為非常離譜的條件後，對方很有可能直接答應了你的條件，不費吹灰之力，就多賺了一筆，何樂而不為呢？

(三) 會抬高你的產品或服務在對方心目中的價值和地位

所謂的「物美價廉」只是一種理想狀況，相比之下，大家更相信「一分錢一分貨」這個說法。如果你適當抬高你的報價或條件，會在一定程度上，再抬高你的產品或服務在對方心目中的價值和地位。

(四) 可以讓對方在談判結束時感覺到他贏得了談判

之所以要在談判開始階段就盡量抬高條件，還有一個重要原因：這可能是唯一可以讓對手在結束談判時，感到他贏得談判的方式。

二、怎樣才能開出高於自己期望的條件

了解報價高於預期的好處，你可能已經躍躍欲試了。其實，要掌握這種談判的方法並不難。首先要勇於打破自己的慣性思維。例如，在談判場合，大多數人會這樣想：我的產品或服務的價格和同行們差不多，這樣的價格客戶可能會認同。這種隨波逐流的想法就是受慣性思維

的影響，其結果將導致他們想不到要開出高於自己期望的條件。

經過實踐顯示，在談判的開始就要提出盡可能高的要求，可以有效的應對對方的討價還價。所以，談判者要勇於標新立異，學會開出高於自己期望的條件。

那麼，如何才能讓對方認可你開出的價格呢？

要知道，僅僅學會開出高於自己期望的條件還沒有達到目的，讓對方接受才是目的。結合一些實戰經驗，下面為你介紹幾種可行的辦法。

(一) 對方是否看好

成功的報價，絕不在於價格本身的高低，關鍵是對方是否對這筆生意感興趣。如果對方真的看好這樁生意，那麼你們就有談判的可能；如果對方對這筆生意缺乏興趣，那你就要及時轉變策略。

這就好比有人要買汽車，如果他相當關心車的性能，那麼實惠的二手車就肯定不是他的首選。而另一位客戶開口就問價格，那麼價位高的新車也不是他的目標。

所以，了解對方所需，這是開出高價的基礎和關鍵。

(二) 說明高價的可行性

儘管目前是市場經濟，產品價格受市場影響，但生產廠家依然會考慮生產成本、人力成本、開拓市場費用等多種因素。

所以，當對方對你的報價表示懷疑時，你不妨向對方進行詳細的說明，讓對方明白價格高在哪裡，是否高得合理。特別是對於初次合作和對本行業不太了解的客戶，坦誠溝通更利於對方的理解和進一步合作。

(三) 增加附加價值

如果對方確實認可你的產品，而價格讓他略微為難時，就需要設身處地的為對方著想。如對方可能沒有適當的倉庫存貨，或沒有合適的會操作先進設備的人員等，這無疑會增加購買成本。這時談判人員就需要為對方提供一些價格之外的附加產品或服務。

比較常見的增加附加價值的辦法，如送貨上門、延長保固期、免費培訓技術人員等，以解決對方的後顧之憂。

這樣一來，一是解決了對方的難題，二是避免在價格上的爭議，從而使自己更具有談判的競爭力。

三、如何開出高於預期的開局條件

抬高報價的開局雖然有很多好處，但也要注意，開出條件要有一定的技巧，一定要讓對方感覺你的條件是可以商量的。

否則，如果你所開出的條件讓對方感覺非常苛刻，而且你的態度也非常堅決，那麼只會讓對方認為你毫無談判的誠意，最終的結果可能只有兩種：根本無法開始談判，或是一開始就使談判陷於僵局。

那麼，抬高報價的尺度是如何計算的呢？經過我的研究發現，當你對對方了解越少時，開價應該越高。

這樣做的理由是：首先，你對對方的假設必定出現了差錯，因為你是不可能全面深入的了解到對方的需求，或許他願意出的價格比你想要的還要高。

其次，如果你們是第一次做交易，假如你能夠做出很大的讓步，就會顯得更有合作的誠意。當你對對方及其需求了解得越多，就越能夠調整你的報價，但是這種做法的不利之處在於，如果對方不了解你的最初報價，可能就會令對方望而生畏，甚至談判可能就會出現僵局。

所以，我在這裡為大家總結出兩條建議。

（一）界定自己的目標範圍

經常參加談判的人一定會知道，絕大多數最終成交的條件，都是雙方開出的條件的折中值，也就是說，你所開出的條件與對方開出的條件，和雙方最終成交的條件是等距的。

但值得注意的是，並不是所有的談判，最終成交條件都是大家各讓步一半的。

（二）你對談判對手的情況了解得越少，你所開出的條件就應該越高

正如前面所講，只要你讓對手覺得你的條件是可以談的，就完全可以大膽的提出你自認為非常離譜的條件。

如果雙方是初次接觸，對方在聽到你的條件後可能會非常驚訝，但在接下來的談判過程中，你可以做出比較大的讓步，從而可以讓對方感覺你初次合作很有誠意。

缺乏經驗的人，常常不知道如何報價才能為自己帶來較多的利益。他們往往把自己所追求的目標作為談判的要求，向對方直接提出來，這樣做的結果會使他們在談判一開始，便處於被動挨打的局面。

反觀對方，他會把這些看作是你作為討價還價的條件而提出的要求，認為裡面會有很多的灌水，而實際上你卻已經無路可退。這種老實人的做法顯然使自己在談判中遭致不幸，或者吃大虧。

所以，在談判開始時，一定要找到一個既合情合理，又對你最有利的位置。有時候做到這點並不容易，很多人會因為害怕遭到嘲笑，而不願意提出過於誇張的報價。

事實上，在我們的生活中，正是這種心理讓我們沒能做成很多事情。但要想成為一名談判高手，你首先必須克服這一恐懼心理。

最好讓對手先報價

在談判的開局階段，許多談判高手都會想盡辦法誘使自己的對手最先報價。在他們看來，如果自己在談判的前期就能得到對手的報價資訊，就會幫助自己在隨後的談判中掌握極大的主動權。那麼，在談判的開局得到對手的報價，究竟能夠為談判者帶來怎樣的優勢呢？

一、一定要讓對手最先報價

在談到為什麼一定要讓對手最先報價前，請先來看一個日常生活中經常會發生的小例子：有位房客想要租間房屋來住，他在一份房屋出租的廣告上，看到一間十分符合自己心意的房屋，但是這間房屋出租的廣告上標出的租金是每個月兩萬元，這位房客認為這個價格有點貴，如果是一萬八千元的話，自己就能夠接受。所以這個房客打算找房東進行當面交涉。

一般的房客為了表達自己的立場，在一見到房東後就會主動提出自己的報價。

很顯然，這位房客也是如此，他對房東說：「我看到外面的廣告上的租金有點貴，如果是一萬八千元的話我就租。」

然而讓他沒有想到的是，房東很輕易的就同意了這個價位，在搬進來不久後，這位房客向周圍的其他房客詢問之後才知道，別人都是用一萬五千元的價格就租到了同樣的房屋。

但是如果這位房客在見到房東後沒有主動報價，而是先讓房東報價，結果就會大不相同。比方說房客對房東說道：「廣告上寫的價格太高，你重新出個價吧。」

這時房東就會依據他的心理預期一萬五千元再往上加一點，他會說：「一萬六千元吧，最低了。」

房東的報價明顯低於房客心中的所想價格，房客就會產生也許還能再還價的想法，就會向房東說：「還是有點貴，一萬四千元怎麼樣？」

很明顯，房客此時提出的房價已經明顯低於房東的心理預期，他會急忙回答房客：「一萬四千元太低了，最低一萬五千元不能再少了。」

就這樣，房客用比預期低很多的價格，便租到理想的房屋，而房東也並不會在意這個價格，因為這本身便是他的心理預期。

看完這個故事我們就會明白，在進行談判時，一定要讓對手最先報價。只有這樣，才能在對自己有利的條件下達成協議。

所以說在談判開局階段，一定要誘使對手最先報價，而不要自己首先報價。因為自己最先報價，如果報價達到了對手的期待目標，將會對對手非常有利。

為了防止出現這種狀況對自己造成損失，就一定要讓對手最先報價。這樣一來，如果對手最先報出的價格達到了自己預想的目標，將會對自己非常有利。

所以，一定要誘使對方先出價，當然，也要避免被對手誘惑而先出價。這樣做的理由有三點：一是對方的出價或許會遠超於自己的預期。二是對方先亮出條件，可以幫你界定你的談判目標範圍，而界定目標範圍之後，你就能很清楚的知道自己在談判中的讓步空間有多大。三是讓對方先出價，是使自己占據主動地位的唯一方式。

根據這些，我們能夠總結出一些談判開局應該注意的事項，那就是：開局的條件一定要高於你的預期、永遠不要立即接受對方的報價或條件、知道對方的條件要立即表示意外、誘使對方先出價。

二、先報價的利與弊

通常在談判中，結束了開始的非實質性交談之後，談判的雙方就要將話題轉入到有關談判內容的正題上來。這時誰先報價這個問題就不可避免的擺在了談判雙方的面前，因為談判一旦轉入正題，雙方即開始相互摸底，摸底的內容主要是了解對方對這次談判的態度、興趣和注意焦點，談判的大致內容和範圍、談判的議題等。摸底的目的就是為提出本方報價做準備。

在談判雙方摸底工作結束之後，到底由誰來先報價呢？報價在談判中是必然的，尤其是在商業談判中，其價格、交貨期、付款方式、保證條件永遠是談判不變的主題。前面我已經為大家分析出先報價有利的幾點，當然，事事無絕對，先報價也許也會帶給談判者不利的影響。那麼，我們就來先看一下，在談判中先報價的有利和不利因素有哪些。

先報價的有利之處在於：

先報價的一方會具有更深的影響力。因為先報價的一方，實際上為談判規定了一個框框或基準線，最終協議往往在這個基礎上達成。例如，在談判中，如果其中一方先報價一萬元，很少有人有勇氣將價格殺到一百元。

舉一個現實生活中的例子。在一些購物中心裡，很多店家將商品的價格定得很高，就像有一些服裝的標價甚至遠遠超出我們所能接受的價格。我們在逛街的時候經常能夠看到數千元的服裝，這些服裝的本身價格肯定沒有店家標出的那麼貴，但我們卻很少看到有人將數千元的服裝直接放在幾百元的價位上討價還價，而往往是在店家為我們制定的價格內變動。這是因為我們很少有人有勇氣將一件標價數千元的服裝殺價到幾百元。這便是先報價的有利之處。

先報價的不利之處在於：

（一）洩露了一些資訊。對手聽完報價後，可以對他們自己的報價進行最後的調整，從而獲得本來得不到的好處。

（二）對手將試圖在磋商過程中，迫使先報價方按照他們的路走下去，換句話來說，後報價方會集中力量對報價發起進攻，逼迫降價，而不洩露自己的報價。

其實在我看來，決定我們是否先報價的關鍵因素是資訊。如果我們沒有充分掌握對方的資訊，那麼我們先報價就很可能會向對方洩露我們的祕密，所以我們不能在一個不利的環境下與對方糾纏。如果我們不了解對方的情況，我們就不能主動進攻，相反我們擁有的資訊比對方多，那麼首先行動就有策略優勢。資訊優勢為「引導」對方的思路創造了機會。

然而在決定什麼時候或是否最先提出要求時，有許多因素值得考慮。一般而言，談判中首先開口要價並不一定有好處，因為最理想的開價就是剛剛超過對方的最低標準一點點。

這樣的開價之所以理想，就是因為它既不會讓對方覺得你的價碼低得無理取鬧，也不會覺得你無知到荒謬可笑的地步，因為這是談判，雙方都有權力充分維護自己的利益。

這個價碼還有一個更重要的好處，就是如果對方接受了你的開價，你就可以在可能的範圍內贏取最大的利益。如果你對談判對手的最低標準很清楚的話，首先開價是最佳的選擇。

然而，在大多數情況下，我們都不可能明確對方的最低期望值。而談判又是一個數據精準的過程。當你不知道對方的底牌時，往往會過於高估對手的談判姿態，因此，先開口時就不敢太苛刻，要求自然就放低了。

所以我認為，首先開出的價碼有可能會落在爭價的區域外，如此一來，談判者在剛上場就已經失去他的談判陣地了。如果你糊裡糊塗的就先開了價，而且對方還立即接受了，那麼不用說，你也會有一種上當受騙的感覺。可是開出去的價如果收回，除了面子上過不去，在正式談判時也是不允許的。

而且如果對方首先報價，你就可以把他們的價格限定在你所設定的價格範圍內，這樣即使雙方最終選取了中間價格，你也可以得到自己想要的價格。但如果你先表態，他們就可以用這種方法對付你。這樣的話，如果雙方最後對價格進行折中，最終的價格就會是他們所想要的價格。這樣看來，你對對方了解得越少，就越應該讓對方首先報價。

不要接受第一次報價

談判其實並不像看上去那麼簡單，因為可以對其產生影響的因素有很多。其中價值是最突出的一個因素。

談判者的需求和利益表現在眾多方面，但價值則幾乎是所有商務談判的核心內容。這是因為價值的表現形式——價格最直接的反映了談判雙方的利益。

在很多情況下，談判雙方利益上的得失都可以透過價格升降而得到展現。所以，談判高手總是非常謹慎，他們不會輕易接受對方的條件，特別是開局階段對方的第一次報價。

從心理學的角度上看，人的心理是很難掌握的，更何況是在談判中，對方的第一次報價與他心中所期待的價格肯定會有所差距。

對於談判者而言，首次報價常常是發揮試探性的作用：一是試探對方的利潤空間，二是表達談判立場。有時這就造成一個談判者甚至連他們自己都不會相信對方會以這個價格成交。

所以說接受對方的第一次報價會讓自己得不償失。

但我在透過心理學的研究中發現，對於一個談判的人來說，可能拒絕第一次報價並不是一件容易的事。試想一下：當你和對方談判了很長時間，始終在價格上無法和對方談攏。然而正當你準備放棄時，對方突然提出合作，這時你可能會迫不及待的接受對方提出的報價。

首先，作為賣方，如果你第一次報價低，會激起對方的強勢心理，他還會考慮是否有下降的空間；其次，他們會對自己的智商產生懷疑，會重新評估你的可信程度和你產品的價值。所以，不論買和賣，都不要接受對方的第一次報價。

比方說你打算購買一輛二手車，這時你在二手車市場上看到一輛開價五十萬元的車，並且看上去很吸引你。你決定好要買這輛車，然後和這輛車的車主進行了交涉。在交涉的過程中，你當然不可能按照車主原先的標價來購買，所以你們之間進行了一場談判。

當你看到車主緊咬著五十萬元的價格不放時，可能會因此而產生放棄的念頭。然而，此時這輛車的車主卻忽然鬆口，答應以四十五萬元的價格賣給你。這時你將怎樣來想這件事？直接高興的將車買走？還是拒絕車主的提議，接著與其談判？

如果站在這位買車者的立場上，我想大多數人應該會答應車主的建議，用四十五萬元的價格買下這輛二手車。如果我們將事情換個角度來講，假如你和車主之間的談判非常輕鬆，你一提到用四十五萬元來購買這輛車，車主馬上就答應了。我想此時的你心中必有疑問，一定是自己的報價太高了。

透過這個例子我們就可以看到，那些精明的談判者不會馬上接受對方的價格，他們總是非常謹慎，因為他們知道，如果自己馬上接受對方的條件，對方可能立刻就會想到：可能自己出的價格太高了，從而反悔自己的報價。

拒絕第一次報價可能並不是一件容易的事，尤其是當你和對方談判了好幾個月，正當你準備放棄，可對方卻突然提出報價時。這時你會迫不及待的接受對方提出的任何條件。要記住，發生這種情況時，你一定要告誡自己，千萬不要立刻答應對方的第一次報價。

對一切都感到意外

我們都知道，人在受到意外的刺激和影響下，會出現吃驚的樣子。而在談判中，當對方出價高於我們的心理期望時，我們也往往會表現出吃驚的樣子。這些都是十分正常的心理反應。

然而在談判時，即使對方的條件令你滿意了，你也不妨誇大你的表情，學會大吃一驚。談判高手都有這樣一種表演才能，大吃一驚會對對方造成一種不知所措的感覺。

在心理學研究中，從感官的角度來分析，視覺為人帶來的衝擊力非常強大。談判者這種誇張的表情就是在利用視覺的作用。因為人們對於事情的判斷往往都是憑藉感官，而大吃一驚在表達你的態度，這種表情會在對方的腦海裡留下很深的印象，這也是一種影響別人情緒的辦法。

談判高手總要表現出被嚇一大跳的樣子，其實是對對方的出價表現震驚。故作驚訝之後經常伴隨著對方的讓步，如果你不故作驚訝，對方就會強硬起來。

在談判中對對方的條件要故作驚訝，因為他們也許並沒有指望你能答應他們的要求，如果你不表示驚訝的話，對方就會考慮條件執行的可能性。

一次我到公園散步，在道路旁看到一位正在作畫的畫家，他的旁邊擺放著很多已經畫好的畫作。我因為十分喜歡其中的一幅畫，便開口向他詢問這些畫作賣不賣。

他回答我：「賣，這些畫一千元一張。」

聽到他的回答，我當時便在心裡接受了他提出的價格，所以臉上的表情沒有變化。

這位畫家看到我沒有表現出什麼神情，便又一次開口道：「這些畫的背景還沒有上色，上色還需要另外付五百元。」

聽到他的話，我的臉上依然沒有過多的表情。所以他又一次對我說：「還有，這些畫並不單賣，要一次買兩幅以上。」

雖然後來我並沒有買他的畫，但我知道，正是因為我在聽到他的加價時沒有表現出驚訝的表情，才使他一次次的提出更多的條件。

有一個朋友還曾告訴我一件類似的事情。一次他和他的妻子去服飾店購物，他的妻子看到一件十分合意的大衣，便開口向旁邊的店員詢問價格。店員告訴他的妻子，這件大衣價值一萬元，當時他的妻子是這樣回答店員的：「這件衣服不貴。」

後來我的朋友回憶說，當他聽到他的妻子說「不貴」時，心臟差點沒跳出來。雖然我的朋友只把這些當作笑話來講，但我知道，業務員往往利用人們不想表現出吃驚而失去面子的特點，隨便提出一個價格，隨後觀察你的反應，再隨機而動，掌握住先機。

其實這些情況在談判場合中也時常發生，對方很可能根本沒有想過你會接受他們的條件，所以提出一些十分離譜的要求。但如果你因為面子的問題或是其他什麼原因，並沒有將自己的想法表露出來，他們會自然而然的想到，說不定你會答應他們的條件，不如再繼續加點要求，看看究竟能夠得到多少好處。

所以說，學會感到意外是非常重要的，因為大多數人都相信他們所看到的表面現象，談判者也不例外。

從我對心理學的研究發現，在你的所有談判對象當中，至少有百分之七十的人只相信自己的眼睛。相信你一定聽說過神經語言學。有的人相信自己看到的，有的人相信自己聽到的，還有人更加信賴自己的知覺。

這樣一來，你的表情便會被對手當作是談判自己的對策是否可行的一個標準。所以我們應當適當的表現出驚訝的表情，讓你的對手感到壓力。

談判環境的選擇

在我多年來談判經驗中分析得出，環境是談判中能夠影響最終結果的重要因素，甚至談判技巧及談判心理也是建立在談判環境的基礎上的。

一位心理學家曾做過這樣一個實驗：

他讓十個人穿過一個黑暗的房間，在他的引導下，這十個人都成功的穿過去了。然後，心理學家打開房內的一盞燈，在昏黃的燈光下，大家都驚出一身冷汗，原來地面是一個大水池。水池裡有十幾隻大鱷魚，水池上方搭著一座窄窄的小木橋，剛才他們就是從小木橋上走過去的。

這時，心理學家問：「現在，你們當中還有誰願意再來一次呢？」結果沒有人敢站出來再走一次。

過了一下子，有兩個膽子比較大的人站了出來。兩個人小心翼翼的走上窄窄的小木橋，速度比第一次慢了許多，而且個個都很小心，生怕摔下去，送了性命，終於走到了盡頭，兩個人卻都是滿頭大汗，心還在怦怦亂跳。

後來，心理學家又打開房間的幾盞燈，人們看見小木橋下方裝有一張安全網，由於網線顏色極淺，他們剛才沒看見，「你們誰現在願意通過這座小橋呢？」心理學家問道。這次站出來的人比上次多了一些，站出來六個人，因為有安全網保護，危險性就降低了很多，即使掉下去也不會有什麼大事。雖然六個人還是比較小心，但是速度快了很多，一下子就順利的通過了小木橋。

最後還剩下兩個人沒有站出來，心理學家問：「你們為何不願意呢？」此時，兩個人異口同聲的問道：「這張安全網牢固嗎？」這時，心理學家笑了笑，把房間裡所有的燈都打開了，光線更足更亮，大家這才發現，原來水池裡的大鱷魚都只是模型而已，不是真的鱷魚。

其實，敢不敢通過房間裡的小木橋，除了個人心理素養的影響外，環境的影響也是顯而易見的。在不知情的情況下，十個人都很輕鬆的通過了小木橋，而當發現環境其實是充滿危險的時候，人們的選擇就會發生變化，因為他們受到了一種環境威懾力的影響。隨著環境中危險因素的減少，其威懾力也逐漸減小，人們採取行為時所受的影響也就變小。在談判中，我們要善於利用這一點，讓環境成為我們談判的另一個籌碼。

一、談判環境的分類與談判雙方的心理

談判環境有兩大類，一類是主客環境，另一類是中立環境。

所謂的主客環境，就是談判雙方任何一方所熟悉和掌控的環境，就像辦公室之類的一切單方面控制擁有的環境均為主客環境。而中立環境則是指與談判雙方均無關係的場所，如咖啡館、酒吧、餐廳等。

其實就談判本身而言，環境所帶來的影響是毫無意義的。但從心理學角度來看，環境卻可以影響談判雙方的心理，甚至從一開始就確立了雙方所處的地位。這樣看來，談判的環境就十分重要了。

有時環境對談判的雙方心理上帶來十分大的影響，尤其是在主客環境中的談判，因為談判的雙方大都是不對等的。為客的一方從心理上總是處於劣勢或弱勢，而為主的一方則恰恰相反。受到邀請的一方到一個陌生而且不受自己掌握或支配的環境時，會感到緊張和恐慌，也會本能的產生自我保護心理，也就是說，從一開始就站在了防禦的態勢上，而主方則比較放鬆，迴旋餘地很大，也就占據了主動的態勢，那麼，利弊關係也就不言而喻了。

一個人在自己熟悉的環境中比在別人的環境中表現得更具說服力，心理學將此稱作「居家優勢」。所以我們在日常談判活動中，應該爭取這種「居家優勢」，最好選擇在自己的地點與對方進行談判。這是因為：

(一)談判對手處於客人的位置，出於對主人尊重的考慮，不至於過分侵犯主人的利益。

(二)在己方或自己熟悉的地方談判，可以使自己很快的進入角色，容易發揮正常、談吐自如。

(三)作為談判的東道主，在很大程度上可以控制談判的議程、進程、氣氛。

(四)將談判地點選在己方可以給對方一種心理上的壓力。正因如此，一個精明幹練的外交家會盡量選擇在他自己的辦公室舉行會晤。

盡量選擇自己熟悉的環境作為談判地點，這是眾多談判高手的心得，因為這樣可使談判者在第一時間就掌握了主動權。

除了談判技巧，經驗豐富的談判專家對談判環境也是十分重視和在意的。在自己熟悉的環境下作戰、比賽或者談判，總是易於發揮自如、鎮定自若，因此，談判的環境對於談判者的成功與失敗相當重要。不少談判者在談判之前著意於談判環境的選擇和布置，以此來期望談判能夠獲得好的結果。

而在中立環境中，談判雙方基本處在同一境域下，也就是這個環境不屬於任何一方，雙方要麼都沒壓力，要麼壓力相同，總歸是相對平等的關係，那麼大家就能夠集中精力，針對合作本身來進行交流了。可見，一個不同的談判環境可以為我們帶來不同的談判結果。

二、談判環境的利用

前面講到，在實際的談判中我們應該盡可能的為自己贏得有利的談判環境，這可以使我們的工作事半功倍。換而言之，如果客戶來訪，談合作，一定要盡量安排在自己公司或私人空間來接待。

尤其是我們需要上門與客戶談判時，我們應該盡量避免到客戶的地盤上去談，應該邀請對方到我們公司，如果是出差時，邀請對方到我們住的飯店來談。如果這樣無法實現，就退而求其次邀請對方出來，到餐廳、咖啡館、酒吧之類的場所來談。

總之一定要盡量爭取我主他客的談判環境，為自己贏得先機。

要是實在避免不了到對方的地盤上去，那就要在去之前做好功課，調整好心態，始終堅信自己的能力，要拿出氣勢來。

其實，你大可在心中調整好自己的信念，你可以這樣想：既然對方肯花時間找你談判，那就說明他對你的產品或提出的合作感興趣，既然感興趣，你就大膽放心的去赴約便行。

結合本節的內容，我在這裡為大家做一個總結。巧妙的利用環境，最終獲得談判的主動權，能展現出一個談判者的精明之處。在自己熟悉的環境中談判，比較有利於自己水準的正常發揮，更容易進入角色，而不必花時間去適應環境。相反，對於處於客人位置的對手來說，來到一個新的環境，一切都不適應，這在心理上就為自己帶來了陰影，從而不利於水準的發揮。

談判座位的選擇

談判既是一種抗爭行為又是一種高度合作的行為，參與談判的各方如果沒有一個良好的橋梁作為溝通，任何談判都不會順利進行。談判的過程就是一個尋求共同利益的過程，以尋求共同利益做橋梁，談判各方才能坐到同一張談判桌前。然而如何安排談判者的座次，是頗值得探討的一個問題。

富蘭克林．羅斯福曾經說過：「對我而言，共同認知的最佳符號是橋梁。」曾經有談判專家得出過這樣的結論：人們在房間裡就座的位置不僅是地位的象徵，而且會對探索如何進行意見交換產生策略上的影響，以至於談判桌的形狀和座次安排，能代表談判者所採取的某種特定的談判方式。

例如，將談判東道主安排在他辦公桌的後面，或者讓東道主談判小組位於談判桌的「主位」，能加強東道主的談判實力。在談判桌兩側各放一把椅子，雙方談判者相對而坐，則會造成一種正式的甚至有點對抗意味的談判氣氛；而圓形的談判桌，不分首次坐席，則代表一種雙方願意合作的願望；在圓形談判桌旁，雙方談判人員坐定後圍成一個圓圈，便於交換意見及彼此溝通感情，因而不少和解性的談判都選擇圓形談判桌。

這就說明，談判要想獲得成功，除了創造有利的談判環境之外，巧妙的安排談判的座位也是至關重要的。要想進行一次成功的談判，就要在座次的安排上動一番腦子了。

實力相當的談判雙方，若座位安排有類似不對等或刻意被打壓情形，會讓弱勢一方心生不平，平添談判變數，甚至容易非理性產生某些敏感議題。尤其跨國談判，前置作業時就須透過協商，確定雙方人員座位安排。

談判座次的安排有許多種方案。一般來說，談判雙方應該各居一方，彼此之間面對面而坐，談判的主管坐在首位，其他談判成員依次圍繞著他坐下，雙方的領導者也需要坐在平等相對的位置上。

從心理學的分析來看，這樣安排座次，雖然有人為的造成談判雙方的衝突和對立感的意味，不利於談判的合作氣氛，但是這樣卻可以有利於談判雙方和一方內部的資訊傳遞與交流，同時也可以使同伴之間相互接近，在心理上產生安全感和實力感以及團結感，不僅有利於團結力量，還可以提升己方的士氣與信心。

在很多商務談判中，其中一方會把對方請到自己的辦公室，坐在高大的辦公桌前俯視對方，目的就是給對方帶來不安與壓力。

作為一種談判的技巧，巧妙的安排座次，一方面可以使談判雙方易於達成共同的協議，獲得談判的成功，另一方面，在有些談判場合，那種使對方感到吃驚的出人意料的設想，可以讓對方感到不適應，在對手毫無心理準備的情況下，打亂他們的陣腳，從而削弱對手的談判力量，使己方在談判中贏得更多的利益。這就是巧設座次法的最直接功效。

談判時間的選擇

在現代生活中，時間觀念是「快節奏」的現代人非常重視的觀念。尤其是對於談判活動，時間的掌握和控制顯得更加重要。

例如，在談判開始之前如果能準時到達，表示對談判對方有禮貌。相反，則是不尊重。無故失約、拖延時間、姍姍來遲等，這些「時間觀」產生的都是負效應，只有「準時」才展現出談判的誠意。

一、時間對談判的意義

人們常說「時間就是金錢」。可見時間何其寶貴，其本身就包含極大的價值。

人們為什麼要花費時間進行談判呢？

我想，選擇進行談判的人，都希望能夠獲得談判的成功。但如果一開始就根本不想促成談判或想促成談判而不得其法，那麼，再進行談判無疑是在浪費時間。

要知道，花費時間進行談判本身也是一種投資，對於大多數人來說，投資就是想要有所收穫，得到相應的回報。在談判中，所花費的時間越多，促成談判成功的意願就會越強。

一個聰明的談判者會選擇讓談判對手在自己的身上多花費些時間，這種做法也同樣符合公司之間的商務談判。那麼，進行結束性談判的地點選擇在哪裡比較好呢？是在你自己公司的會議室呢，還是在對手的公司呢？

當你拿不定主意時，最聰明的做法是：盡可能讓對手來到你的「地盤」。例如，你的公司或你公司附近一帶。

特別是進行帶有敵對性質的談判時，一定要盡量要求談判對手來到你的「地盤」，讓他們多花費一些時間前來。

而如果是和外縣市或是國外的企業進行談判，對手甚至有可能需要花費幾天的時間在路上。當他們來到你公司的會議室時，其實已經進行了很大的投資，他們一定不會甘心空手而歸的。

然而這些對於你來說，卻是一種十分理想的局面。因為你可以在進行談判前五分鐘一直處理其他事情，不用對本次的談判投入太多時間。

當你遇到這種情況，在談判開始時，你就已經處於優勢局面。這時如果談判對手的態度過於強硬，你可以立即中斷談判，之後還可以繼續去做其他事情。而且對這次的談判，你可以再擇日進行。也就是說，在對手做出對你有利的讓步之前，你可以不用急著去結束談判。

二、談判時間的選擇

一般的談判者都會避免選擇於己不利的談判時間，例如，酒足飯飽之後、顛簸勞累之時，或是在有固定的假日時間等。談判時間的選擇適當與否，對談判效果影響很大。一般來說，應注意以下幾種情況：

(一)避免在身心處於低潮時進行談判。例如，在盛夏的午後，那時是人們最睏乏的時候，最不宜進行談判。還有，假如你是到外鄉異地或是直接去國外談判，經過長途跋涉後，應避免立即開始談判，要安排充分的休整之後再進行談判。

(二)避免在一週休息日後的第一天早上進行談判，因為這個時候，人們在心理上可能仍未進入工作狀態。

(三)避免在連續緊張工作後進行談判，這時，人們的思緒比較零亂。

(四)避免在身體不適時（特別是牙痛時）進行談判，因為身體不適，很難使自己專心致力於談判之中。

(五)避免在人體一天中最疲勞的時間進行談判。現代心理學、生理學研究認為，下午四點至六點是人一天的疲勞在心理上、肉體上都已達頂峰的時候，容易焦躁不安，思考力減弱，工作最沒有效率，因此在這個時候進行談判是不適宜的。

(六)在貿易談判中，如果是賣方談判者，則應主動避開買方市場；如果是買方談判者，則要盡量避開賣方市場，因為這兩種情況都難以進行平等互利的談判，不要在最急需某種商品或亟待出售產品時進行談判，要有一個適當的提前量，做到「凡事豫則立」。

雖然談判時間的選擇有時是一個相當複雜的問題，但是在實際談判中，什麼時候適合談判，一般都會在談判之前決定，而且由雙方共同商定。

雙方談判所用時間通常有兩種情況：一種是雙方都沒有表明談判將持續的時間，即處於保密或者隨機應變的狀況；另一種則是事先協商好談判的截止期限。

在第一種情況下，如雙方對談判期限都保密，則談判一方要竭盡全力爭取掌握對方的期限，以便制定自己的談判策略。如雙方都對談判期限持隨意而定的態度，一般在時間上更有忍耐力的一方常常會占優勢。因此，持久戰成為有些人喜好的一種談判策略。

在商業談判中，買賣雙方都可以從各自或實或虛的角度出發，以最後期限式的「時間圈套」來造成對方的心理壓力，實現交易的最佳效果。而這些「最後期限」可能是真的，也可能是有意編造的，不可不信，也不可全信，一定要慎重對待。而如果自己採用這種方法，一般則要在對己方有利的情況下，對方對達成協議的心情相當迫切時，較有成效。

還有一種巧妙利用時間的辦法，就是在談判過程中用「時間圈套」換取對方對自己看法的認同，或是獲取對方的資訊。

對於談判者來說，要求對方改變想法而接受你的觀點，是很難的一件事情，在談判過程中，你提出的新想法就更不容易令對方接受。在這種情況下，己方可設定一個周全的「時間圈套」，使自己的新想法逐漸為對方所接受。

但同時要注意的是，談判者需要給對方留有充足的時間去理解和接受新想法，例如，利用休會和晚間休息的時間，作為讓對方思考和理解的時間餘地。其次，要設法在對方精力最充沛的時候，或者對方興趣最濃的時候，提出你的新想法，這樣會提高對方思考的效率。

談判氛圍的選擇

大凡談判為了雙方的協調、減少差異或增進了解，談判的組織者都會設一種溫馨、舒適、賞心悅目的談判環境和友善、輕鬆、和諧的談判氛圍，以便雙方在這樣的談判氛圍中實現情感上的某種融洽，從而使談判得以順利進行。

然而相反的是，嘈雜、紛亂的環境則會讓人的情感處於波動狀態，而動蕩不安的情感又會影響人的思維活動和資訊辨識率，甚至導致直接的失衡。談判對手為了擺脫不安的環境所帶來的困擾和折磨，而寧可犧牲某些利益，在談判中做出某些讓步，甚至出現失誤都是有可能的。

從心理學角度分析，影響人的情感因素有很多，其中特定的環境與氣氛往往發揮很大作用。有什麼樣的談判氣氛，就會產生什麼樣的談判結果。這是有經驗的談判者公認的事實。正是由於談判氣氛在整個談判過程中的重要性，所以談判者對於創造有利的談判氣氛十分重視。無論是競爭性較強的談判，還是合作性較強的談判，都需要有一個和諧、融洽的談判氣氛，不健康的談判氣氛只能帶來談判的失敗。

一、營造良好談判氣氛的基本原則

如何創造良好的談判氣氛呢?下面介紹一些最基本的原則。

(一)以誠取信　形成良好氣氛的關鍵

談判者的形象對談判的氣氛有十分明顯的影響。這種形象展現在多個方面,如談判者的姿勢是精力充沛還是疲乏不堪的,是積極主動還是呆滯遲鈍的。再如人的眼神,人們常說眼睛是心靈之窗,從眼神中就可以看出一個人是坦蕩誠摯的,還是躲躲閃閃、疑慮重重的。誠實、可靠、富有合作精神的談判者總是受人歡迎的。談判者應注重對自身形象的設計,以誠實可信的形象出現在對方面前,從而建立一個友好的、相互信任的談判氣氛。

(二)迴避衝突　在溝通中達成理解

談判初期通常被稱為破冰期。互不相識的人走到一起談判,很容易出現停頓和冷場,所以,不要一開始談判就進入正題,應當留出一定的時間,就一些非業務性的、輕鬆的話題,如氣候、體育、文化娛樂等進行交流,緩和一下氣氛。在雙方進入談判室後,應多花一點時間調整相互間的關係。當然,具體問題具體分析,溝通內容的多寡、時間的長短並無統一的標準,談判者應根據具體情況予以安排。

(三)巧妙安排　在場外培養感情

在正式開始談判前,雙方可能會有一些非正式的接觸機會(非正式會談),如歡迎宴會、禮節性拜訪等。積極的利用這些機會，也可以充分影響對方人員對談判的態度，有助於在正式談判中建立良好的氣氛。

談判的結果從本質上講是沒有輸贏之分的。但是在談判過程中，雙方都會盡力爭取優勢，這樣就不可避免的會產生衝突，談判過程就可能出現順利、相當順利或不順利等情況。正確運用各種溝通手段，就可以在一定程度上影響雙方談判者的情緒，盡可能的創造比較良好的談判氣氛。

二、如何創造良好的談判氣氛

為了創造和諧、融洽的談判氣氛，談判的組織者和談判的參與者都需要費盡心機，其中，談判參與雙方對談判的氣氛會有很大的引導作用。這就需要談判者掌握一些巧妙的談判方法，以達到融洽雙方關係，並形成一種有利於談判成功的良好氣氛，為雙方進一步的談判創造有利的條件。

在這裡，我將列舉幾個談判中創造良好氣氛要注意的問題。

（一）談判者要在談判氣氛形成過程中起主導作用

形成談判氣氛的關鍵因素是談判者的主觀態度，談判者應積極主動的與對方進行情緒、思想上的溝通，而不能消極的取決於對方的態度。

(二) 心平氣和，坦誠相見

談判之前，雙方無論是否有成見，身分、地位、觀點、要求有何不同，一旦坐到談判桌前，就意味著雙方共同選擇了磋商與合作的方式解決問題。這就要求談判者拋棄偏見，全心全意的效力於談判，切勿在談判之初就以對抗的心理出發，這只會不利於談判工作的順利進行。

(三) 不要在一開始就涉及有分歧的議題

談判剛開始，良好的氣氛尚未形成，最好先談一些友好的或中性的話題。中性話題的範圍很廣，一切和正題不相干的話題都是中性的。例如，談判者可以問對方來訪旅途的經歷和見聞，還有體育新聞或文化娛樂消息。再者也可以詢問對方的個人愛好，最好可以談談以前合作的經歷，打聽一下熟悉的人員等。

這樣的開場白可以使雙方找到共同的話題，為心理溝通預先做好準備。但是，中性話題也有積極、消極之分，談判人員應設法避免令人沮喪的話題，例如，經歷的塞車、車禍等。

從維持談判氣氛來講，說話的另一大忌是口吐狂言、滔滔不絕。說話表現出輕狂傲慢、自以為是，會引起對方的反感、厭惡，招致對方的攻擊。口若懸河、滔滔不絕的講話，會使人失去傾聽對方的機會，忽略對方要求，給對方抓住口實的把柄。

(四) 不要剛一見面就提出要求

這樣很容易使對方的態度即刻變得相當強硬，談判的氣氛隨之惡化，雙方唇槍舌劍、寸步不讓，易使談判陷於僵局。由此可見，在談判尚未達成必要的氣氛之前，不可不講效果的提出要求，這不僅不利於培養起良好的談判氣氛，還會使談判基調驟然降溫。

開局階段的進行過程，被人們稱為「入題階段」。由於談判即將進行，雙方都會感到有點緊張，因而需要一段沉默的時間以調整與對方的關係。這段時間應占整個洽談時間的百分之五。也就是說，如果洽談準備一個小時，沉思時間為三分鐘，如果洽談準備持續幾天，最好在開始談生意前的某個晚上一起吃一頓飯。如果是以小組而不是個人為單位進行洽談，那麼，掌握好建立洽談氣氛的時間，其意義更為重大。

維護和諧的談判氣氛，並不是一味遷就、討好對方，這樣只會助長對方的無理要求。和諧的談判氣氛是建立在互相尊重、信任、諒解的基礎上的，該爭取的一定要爭取，該讓步時也要讓步。如果對方毫無談判誠意，只想趁機鑽漏洞，那就必須揭露其詭計，並考慮必要時退出談判。

談判對手分析

心理學中曾提到過，人在處理各種問題時，其思想和行為不僅受到歷史和文化傳統的影響，而且還表現出不同的個性心理特徵。了解這些心理特性，有助於談判者獲得談判的成功。

由於A國的商人對B國的談判代表及其公司的情況不夠了解，因此，在第一次接觸時，A國的代表故意不談生意，只是談了許多不太相關的事，給B方造成一種輕鬆的感覺，使他們放鬆警惕。A方卻在這些看似閒聊的談話中，從各個側面了解到B方的談判目的和意圖。

為了更好的實現談判目的，摸清每一個談判對手的情況，A方甚至請來一位有名的性格分析專家在一旁觀察，分析對方每個成員的個性特徵。會晤結束時，A方的負責人請B方代表每人簽名讓他留念。會晤後，這些簽名將給那位性格分析專家做筆跡分析用，以便更全面的了解對方。

晚上，A方宴請B方，在宴會和之後的娛樂活動中，A方採取一個盯住一個的做法，派出了自己的談判問題研究分析人員，一個人盯住B方的一個談判代表，深入了解B方的詳細情況。

B方的談判代表都休息後，A方全體人員連夜開會。性格分析專家已寫出了關於B方每一個談判代表的性格分析報告，其他人也都將他們各自了解到的情況寫出了報告。情況匯總後，他們便有針對性的研究新的談判策略，對每一個細節都做了詳盡的安排。

經過了一個不眠之夜的性格分析和策略準備，第二天，A方在談判桌上輕鬆的實現了談判目標。這是運用性格分析獲得談判成功的一個典型例子。

其實在日常生活中，我們也很容易就能發現一些人的心理特徵：有的人工作起來不怕苦和累，重任在肩無怨言；有的人拈輕怕重，見利忘義；有的人工作細心，一絲不苟；有的人粗枝大葉，丟三落四；有的人深思熟慮，多謀善斷；有的人不求甚解，不了了之；有的人熱情豪爽，有的人冷漠拘謹；有的人堅毅果斷，有的人猶豫不決等。

心理學上把這種人在情緒和活動發生的強度、速度等方面表現出來的特點稱為氣質。

歐洲醫學奠基人，曾被世人稱為「西方醫學之父」的希波克拉底，根據不同體液的多少，將人的氣質分為四類：膽汁質、多血質、黏液質、憂鬱質。

在現實生活中，大多數人一直都習慣沿用這些名稱來劃分人的氣質類型。以下我們將用這樣的劃分來討論談判對手的氣質性格。

（一）膽汁質的談判對象

膽汁質的談判對象多精力充沛，情感和言語動作發生強烈、迅速且難以控制。這種人大多嚴肅而正直，缺乏通融性，往往不注意說話方式，心中有話就說，毫無保留，不介意對方能否接受，受到別人強烈批評能泰然處之。

膽汁質的談判者在談判中最大的特點是：具有堅持到底的精神，忍耐力極強，但一旦發怒，也不可收拾。在人際關係中缺乏柔軟性，但卻給人一種可以信任的感覺，一旦建立了友好的人際關係，就可以維持很久。

（二）多血質的談判對象

多血質的談判對象大多活潑好動，感情多變，動作敏捷。這種人心胸比較開闊，待人接物不拘泥於形式，個性隨和，能夠與周圍的人和諧相處，人際關係良好。但這種人情緒上往往會有週期性變化，有時可以連續高效率工作幾個月，然後情緒低落，毫無理由的對工作失去興趣。喜怒無常，使得人際互動中也有困難的一面。

而在談判中，這種人往往有深遠的眼光，有決斷力，在情緒高昂時較容易達成協議。但也有不遵守諾言的可能性，往往有不履行協議的情況。因此，必須在協議上嚴格規定履行協議的保證條款。

(三) 黏液質的談判對象

黏液質的談判對象大多安靜沉著，情感發生慢，持久而不顯露，動作遲緩而不大靈活。這種人一般總是與他人保持一定的距離，對外界事物缺乏興趣，更關心自身世界的變化，往往給人一種冷淡、高傲的感覺，但對事物的看法較為客觀。

黏液質的談判者一般在談判中討厭對方過分熱情的態度和誇誇其談的說話風格，不輕易接受別人的意見，不喜歡被人說服。決定合作時常常猶猶豫豫，極可能打消合作意念，即使與對方達成協議，經常又後悔，是極難討價還價的談判對手。

(四) 憂鬱質的談判對象

憂鬱質的談判對象大多內心體驗豐富、敏感，動作緩慢無力。這種人對外界事物的變化感受非常敏銳，一般人容易忽略的事情，他們不但注意到了，而且還銘記於心。在情緒上極不容易保持平衡。加上經常對自己的行動產生不必要的顧慮和過分的自我反省，幾乎很難享受到工作上的滿足感和自我充實感，常有被壓迫感和神經緊張。

這種人在談判中一般不輕易相信對方的話，而更注重統計資料和現場示範證明。對於這類談判對象，要注意對他們熱情和關心，切忌在談判桌上指責他們，要根據他們情緒的變化調整自己的談判方案和要求，更多的鼓勵他們朝達成協議的方向邁進。

在談判中，我們會經常遇到上述這四種類型的談判對手。無論遇到怎樣的談判對象，談判者都應該對對手的性格還有談判風格進行分析，了解其談判特點。這樣一來，便可以幫助談判者制定出針對不同性格對手的談判方案，以便於談判的順利進行。

避免一開始就進入對抗的死路

所謂的對抗性談判，指的是談判雙方在談判中完全不考慮對方的需要和利益，其談判的結果是非贏即輸的談判便是對抗性談判。

這裡舉一個例子：有兩家關係不佳的勞資雙方進行談判，其重點不在談判的議題，而是雙方的負面關係。在關係方面，雙方的惡劣關係是處於公開的狀態，所以兩家公司是對立的關係；在程序方面，兩家公司很少有資訊上的交換，在談判桌前只是一連串的提出條件及遭受拒絕；在結果方面，談判雙方根本難以在談判中達成任何共識。這便是對抗性談判的實質。

如何避免對抗性談判的出現？

我們知道，對抗性的談判是非雙贏性質的談判，所以談判者應當在談判中，有意識的避免對抗性談判的出現。

但是談判雙方有時會不可避免的因彼此的目標、對策相差甚遠，而在一開局就陷入僵局。所以當談判開始後，談判者要將雙方面前的問題擺放得更加清晰，注意避免跟對方產生任何對抗。如此一來，對方很快就可以判斷你是在尋求一種雙贏解決方案，還是在拚命為自己爭取好處的強硬談判者。

可以說，你在談判剛開始時的表現，往往可以為整個談判奠定基調。當對方從你的言談當中判斷出，你是否有意向達成一個雙贏的解決方案，還是想要盡全力為自己一方爭取到最大的利益時，他們也會對自身的談判策略進行改變，從而達到與你的談判基調相對應的結果。

那麼，什麼樣的言行是具有對抗性的呢？

往往我們能夠從律師的身上看到這些特點，因為他們在談判時就經常使用對抗性的字眼。例如，在法庭上對峙時，律師們會使用威脅的字眼來對付對手，他們還會緊扣對手的字眼不放，對對手的薄弱點進行猛烈的攻擊。這些都具有十分明顯的對抗性。

但是對於談判者來說，他們是為了追求雙贏的利益，而不是為了打擊對手，所以應該避免在談判時使用對抗性的言語。

所以這就要求談判者在談判開始時，說話一定要十分小心。即使你完全不同意對方的說法，也千萬不要立刻反駁。反駁在通常的情況下只會強化對方的立場，所以你最好先表示同意，然後再慢慢的引導對方明白自己的意見。

從心理學的角度來分析，在談判剛開始時，一旦你開始爭辯，對方就會反駁，這完全是出於本能。所以你不妨用柔和的手段淡化對方的競爭心態，並表達你完全同意對方的觀點，並不是要進行反駁。

其實引導性的言語比對抗性的言語在談判中會更加有效。

例如，你在推銷某種產品時，有一些顧客肯定會抱怨你的價格過高。如果你在這時和對方進行爭辯，他就會舉出很多例子來證明你是錯的，而他是對的，所以你們之間就陷入到一場可怕的爭辯之中，而最終的結果就是你們誰也沒有得到心目中想要的結果。

但如果你在對方抱怨時，先不妨用平緩的語氣表示理解客戶的擔憂，再從產品的性能、價格和服務等方面做個對比，向其講述自己的想法。我想你和顧客之間還是有很大可能來完成這筆生意的。

其實這樣的情況在現實中比比皆是。再如你的上司認為你的工作完成得不是很好，而你卻認為自己這樣做是有原因的。當你用自己的觀點去反駁你的上司時，就像在指責他的觀點是錯誤的。這樣不但不能使你將事情解釋清楚，還會造成上司對你的反感。

這時你可以換一種說法。先同意上司的觀點，承認自己有所失誤。然後再向上司闡述自己在工作中面臨的困難因素，這樣他就能夠理解到你的感受，便不會再過多的責備你。

其實談判也是如此。不管出於哪種情況，談判者不應使用對抗性的言語，要有意識的創造出「一致」感，以免造成開局即進入對抗的局面。

在開局中掌握主動權

俗話說得好，一個好的開始是成功的一半。在一次談判中，初始行動是非常關鍵的，這是因為它可以傳達出有關各方的態度、抱負、意圖以及對他人的感覺等訊息，從而在決定自己以什麼姿態出現之前先探查出對方的基本姿態。

一、談判開場白的重要性

在談判開始時，談判雙方即將進入主題之前，需要有一個見面、寒暄、介紹，以及就談判內容以外的話題進行交談的時間，在這個時間裡，每個談判者都要逐步進入自己的角色，這就是談判的導入階段。

從談判的整個過程來看，這個導入階段雖然只占整個談判過程的很小一部分，而且似乎與整個談判的主題無關或關係不大，但卻是非常重要的，因為它為整個談判奠定了基礎。雖然這時候談判者對談判尚無實際的感性認知，但仍必須採取非常審慎的態度，因為談判者如果在這一階段出現微小的失誤，那麼在下一階段你就會陷入被動之中。

一般的談判，一開始談判雙方應握手致意。握手的先後順序是由主人、年老者、身分高的人或女士先伸手。在握手時，應雙目注視對方，微笑致意，不要眼睛看別的地方。隨後是對談判雙方的介紹，一般是由第三者或中間人介紹，也可做自我介紹。

進行完這些必要的環節，談判雙方免不了要寒暄幾句。談判開始的話題通常是閒聊性的、放鬆的、非業務性的，藉以創造一個輕鬆、愉快的洽談環境。

在心理學中提到，創造一個良好的洽談環境，是導入階段的根本目的。因為良好的導入、融洽的氛圍是談判得以順利進行的基礎，而談判的氣氛往往是在雙方開始會談的一瞬間就形成了。

可以說，形成談判氣氛的關鍵時間是短促的，甚至是極為短暫的，可能只有幾分鐘。

所以，談判者的開場白是十分重要的。因為它關係到整個談判過程中氣氛的形成，在這個階段之後，談判氣氛是溫和、友好還是緊張、強硬，是沉悶、冗長還是活躍、順暢，這一切基本都確定下來。不僅如此，整個談判的進展，如由誰主談、談多少、速度的快慢，也將受到很大的影響。

二、開局談判的方式

談判雙方在完成導入階段後，就會進入實質性的階段。在這一階段中，談判的雙方將會展開相互的試探。那麼，如何在開局中掌握住主動權呢?這裡為你提供幾種較為有效的開局談判策略。

(一)要首先提出一個要求

如果對方先行發言或者對始談行為猶豫不決，你便獲得了一個在進入正式討論之前，首先闡述一個先決條件的好機會。如提出一個明確的要求，或者是你在準備談判之前所必須採取的行動方針。若對方表示認可，你就獲得了某種心理優勢、獲勝的可能性，並能減少可能的談判阻力。

(二)讓對方首先提出提議

讓對方首先提出提議一般對你有利，特別是當對方極為能言善辯時更是如此。這樣有助於你避免做出嚴重的錯誤分析，使你面對比你的預期要好的提議時，有迴旋餘地和再思考的機會。

(三) 繼對方提議之後提出你的高要求

心理學研究顯示，那些一開始就提出極端要求的人，比那些提出較溫和要求的人，能獲得更為有利的結果。因為過高要求能夠使隨後的要求顯得更合理，而且還能傳達出你的期望，並給你更多的時間，以便弄清對方的意向。

但要注意的是，要用一些「符合邏輯」的基本原理來中和極端要求，以便向對方表示出你是認真的，這樣做可減少對方退席的可能性。

(四) 一開始就用容易的事情提出主要要求

談判一旦開始，要搶先用那些對方最容易承受的要求，來預示出你最感興趣的事項。這常常是有用的，不僅有助於產生一種成功、友好和合作的氣氛，而且或許使對方更容易接受你以後的要求。

(五) 背水一戰

有時人們用所謂的「最後一個提議」，來強調自己初始提議的不可更改性。在此行為之前，你要做廣泛的研究，必須在確認這個提議有可行性時，才可以背水一戰的方式進行提議。

以上這些開局中的談判方式，既有它的優勢，也存在一定的不確定因素，所以談判者在選擇其中一項方式時，應當對談判中的各方面因素加以考慮再做出選擇，以免造成不利影響。

三、開局階段要遵循的四大原則

要想在談判的開局中掌握主動權，並做出準確的決策，就必須遵循談判的四項基本原則：

(一)享受均等的表達己方觀點的機會。

這樣雙方都有了解對方的機會，也就有了進一步談判的基礎。至少在雙方談判議程尚未確定前，努力做到談話時間與傾聽時間基本平衡。因為如果你不說或說得不夠詳細，就無法讓對方在開始時就明白你的主要意圖，談判也就很難達到你最初想要的結果。

(二)由於在開局階段時間比較短，所以提問和陳述都要盡量簡潔。切忌滔滔不絕，要用最短的時間，表述出最主要的內容。

(三)要有合作精神。

要給對方足夠的機會發表不同意見，提出不同設想。只要有可能，盡量提一些使雙方達成一致的問題，並在適當時候重申這些問題，來鞏固印象和效果。

(四)願意接受對方的意見。

在開局階段，只要對方的建議是合理的、正當的，就應盡量對對方的建議表示贊同。通常來講，贊成對方的觀點比反對對方的觀點效果會更好些。

如果談判者能夠在談判的開局掌握這四大談判原則，那麼就不會出現對對手做出錯誤判斷的事情發生。如此一來，談判者就能夠在談判的開局掌握主動權。

四、開局切忌保守和激進

對於激進的談判者而言，他會要求談判的開局要有一個高目標。但我們知道，高目標不是無限度的高，更不能把己方的高目標建立在損害對方利益的基礎上。

如果你單純考慮自身利益，而忘記了談判是雙方或多方的合作，由於自己的要求過高而損害別人的利益，會出現兩種不利的局面：一是對方會認為你沒有誠意以致破壞了談判的必要性。因此談判者在開局階段不僅要力戒保守，也要防止因提出過分的要求而破壞談判氣氛。二是對方為了抵制過高的要求，也會「漫天要價」，使談判在脫離現實的空中樓閣中進行，導致徒勞無功、浪費時間。如果一旦這兩種情況發生，那麼談判就會陷入僵局之中。

所以說，在談判的開局階段，談判者既要有一個高目標，又要防止不切實際的漫天要價。在處理談判開局階段的競爭與合作、索取與退讓的關係，以及把要求的目標限定在一個科學、適度的範圍內的過程中，我們應科學分析和預測彼此價值要求的起點、界點、爭取點，從而找到談判的合作區，以決定利益要求的限度，避免出現激進的狀態。

如果說在談判的開局出現激進的狀態是十分不理智的，那麼保守一點是否可行呢？

心理學研究發現，人們在陌生的環境中與他人發生連結時，處事往往是較為謹慎的。談判的開局階段，談判者通常表現出競爭不足、合作有餘的保守心態，唯恐失去合作夥伴或談判機會。

但是在談判中如果一味遷就對方，不敢堅持己方的主張，結果必然被對方牽著鼻子走。開局階段的保守將導致兩種局面：一是一拍即合，輕易落於對方大有伸縮的利益範圍，失去己方原來應得的利益。二是使對方以為你的利益要求仍有灌水，而把你的低水準的談判價值保守點作為討價還價的基礎，迫使你做出更多的讓步。

所以，在談判的開局階段要勇於正視對方，心理放鬆，力戒保守。為防止談判開局中的保守導致上述局面，就必須堅持談判的高目標。

綜上所述，談判目標的高低將直接影響談判的成果。只有將談判目標定在一個努力彈跳能觸摸的位置，才是恰當的。在談判開局中，堅持在一個高目標的基礎上進行，就會避免許多不利情況，使談判者在以後的談判中獲得合適的利益。

第四章　中場階段的談判策略

談判繼續按照你的意圖發展。在此階段，情況複雜起來，雙方緊張周旋，各有所圖。你將學會如何應付這些壓力，控制局勢，並且能夠解決談判過程中出現的各種難題。所以，在談判的中場階段，你的策略更應該展現在如何使談判進行下去，而不是如何獲得最大的利益。

對手到底有沒有決定權

在談判中最怕的不是態度強硬的談判者，而是那些沒有決定權的談判者。一開始的時候，在他們身上投入了大量的人力和物力，到最後他們只要用一句「我要請示一下上級，才能給你答覆」，就可以搞定我們，所以有的時候，甚至是大型企業的老闆也會削減自己的權力，以便在談判中獲得喘息的機會。

一、如何應對對手的影子談判策略

假設你是一家服裝生產廠的負責人，某服裝銷售公司想要與你進行一千件牛仔褲訂單的洽談。你的生產成本是每件三百五十元，對此你向對方開價為每件五百元，對方還價為每件四百元。經過你們幾天的談判，雙方終於將價格敲定為每件四百七十元。當你正準備拿出合約與對方簽約時，對方卻忽然提出，根據他們公司的相關規定，簽訂合約前，尚須公司採購委員會審批一下。

次日，對方致電給你，「我們公司採購委員會經過討論，否決了這個價格，根據預算計畫，採購委員會能接受的最高價格是每件四百五十元。」

那麼，聽到這個消息後你該如何選擇呢？

這裡大多數人無外乎三種選擇：

（一）辛苦了好幾天，擔心失去訂單。再加自身的生產成本是每件三百五十元，對方開出四百五十元，感覺利潤還可以，遂很無奈的接受新價格。

(二)不同意對方的價格，取消合作。

(三)重新開始艱苦的談判，最終的價格一定是介於四百五十元和四百七十元之間，很可能是每件四百六十元。

我想這裡無論哪一個結果，都是你所不願意看到的吧。在談判過程中令人最為沮喪的或許就是，在談判正在進行或者你感覺即將順利結束的時候，你突然發現你的談判對手居然沒有最終決定權。這就是所謂的影子策略。

那麼，如何應對談判對手的「影子」策略呢？

我們可以在談判開始之前，設法讓對手承認，只要條件合適，他即可做出最終決定，而不需要請示其他人。

在對手已經使出「影子」策略時，我們也可以以毒攻毒，同樣使用「影子」策略，讓對方明白你的用意，一般對方會立即停止使用此策略。也就是說，當對手每次叫停這種策略時，你都應該把報價的程度恢復到第一次的程度。

但值得注意的是，你所使用的「影子」，一定要是個模糊的實體，而避免使用明確的個人，否則，很容易帶來被動。因為對手很容易提出直接和你的更高權威談判，那時你將會無計可施。

二、不要告訴對方你有決定權

前面我們說判斷對手是否有決定權。然而反過來說，當你在談判中處在買方時，一定要記住，不要告訴對方自己有決定權。

在談判中，許多人常常認為只有自己擁有足夠多的權力，才能在談判桌上占據優勢。其實，這種想法既不現實也不明智。實際上，那些真正擁有很大權力的人，從來不會運用自己的權力去跟人談判，相反，他們意識到，成功運用角色權力策略，未嘗不是一個更好的談判籌碼。

一些初次參加談判的新手在開始談判之前，總是希望上司能賦予自己足夠的權力，他們覺得那樣的話，就可以用最優越的條件與對方達成交易。特別是當談判進入關鍵環節，對方充滿期待的等待你拍板時，你更是希望自己能擁有談判的最終決定權。當你能夠告訴你的對手「這筆交易的最終決定權在我」時，你會有一種大權在握的感覺。

可在談判高手看來，當你這麼做時，其實是把自己放到了一個非常不利的位置上。當你的對手發現你有最終決定權時，他會意識到只要說服你就可以了。一旦你表示同意，他就會告訴自己，這筆交易已經確定無疑了。對方會因此放鬆其他方面的要求，不再繼續努力調整報價或談判條件。

所以說，為自己找到一個更高權威是一種有效的談判方式。如果你告訴對方，你必須把談判結果向自己的上級權威匯報時，你的談判對手就會付出更大的努力，因為他知道他必須提出一份能夠讓你說服你的上級的合理報價。只有這樣，你才會願意去說服自己的上級。

談判者的權力受到限制，也就是制定了一個受權力制約的最低限度目標。從開始的例子中我們可以看出，這種權力限制，實際上是為談判人員規定了一個範圍，它可以對己方談判者產生保護作用。

要想讓更高權威的這種策略最大限度的發揮作用，那麼，這個更高權威最好是一個模糊的概念。如區域總部、集團總部、管理層、合夥人或是董事會等。總之，不要是一個具體的人就可以。試想，如果你告訴對方更高權威是總經理，對方馬上會想：既然只有總經理才能做出最終決定，那我就去見你的總經理吧，沒必要和你浪費時間。

而當你的更高權威只是一個模糊的概念時，你的對手顯然就不會這麼想。因為模糊的概念具有不確定性，不是一個人說了算。所以，更高權威策略不僅可以對你的談判對手帶來更大壓力，而且還不會導致他對你產生對抗情緒。

三、阻止對方訴諸更高權威的辦法

就像前面的例子中一樣，如果你作為賣方，對方突然提出需要請示一下上級主管，談判暫時終止，你的心情恐怕會因此一落千丈，甚至連談判信心都蕩然無存。買家的上級主管是誰？真會與他們商量嗎？雖然更多的時候，所謂的上級主管是虛擬的，只不過是一種有針對性的策略。但怎樣才能讓對方在最短的時間內做出最終的決定呢？

(一)激發對方的自我意識

如何使人在做事前調動起他的最大動力，事先運用某種方法使得事情向你所希望的方向發展，這就需要使用激將法。

如果你發現對方是一個自我意識非常強的人，一定要在剛開始談判時就阻止對方使用影子戰術。只要你能夠激發對方的自我意識，他就會告訴你我根本不需要徵得任何人的批准。

而人的自尊、名聲、榮譽、能力等，都可以作為「激將法」中的武器。有時候，用否定法發現對方的龐大力量也是一種激將法，促使對方發揮自己的潛力，甚至做到超常發揮。學會這種方法，會使你的工作事半功倍。

(二)要讓對方保證自己會向上級推薦你的產品

談判成功的關鍵在於對方是否做出你所渴望他做出的決定。所以，在對方開始使用影子戰術時，你不讓對方將自己的產品推薦給他的上級，在這種步步緊逼的情況下，對方當然不能拒絕你的要求。這樣，主動權又回到你的手中。

其實談判，歸根結柢還是以雙贏為目標，如果你的條件和真誠真的將對方打動，對方很有可能就會向你坦白一切，告訴你根本不存在什麼上級主管，他就有權做出最後的決定。如果是這樣的結局，你的談判就勝利在望了。

不要在立場上討價還價

談判方法與方式都是可以用標準來衡量的。可以說一切談判都是圍繞著談判中可能達成的共識、談判的過程是否有效率和增進或至少不損害雙方的關係這些出發點來考慮。但是如果一旦談判雙方拋棄了這些談判的標準，而是就各自的立場討價還價，這時談判就會不可避免的陷入到僵局。

經心理學研究發現，人們在談判中通常會抱著各自的立場不放，一方越是聲明自己的原則，保護自己的立場，另一方的立場就越堅定。換句話來說，你越想讓對方明白改變對方最初的立場是非分之想，對方就會越死守自己的立場，直到你將自身的形象當成了你的立場。

如果一個談判者已經將自己的立場和自身形象混淆不清，那麼他在談判中就可能又多了一個目標，就是保存自己的臉面。一旦談判的雙方將話題引入到面子的問題上，而且把今後的行為和過去的立場連結起來，這就使得談判越來越不可能就雙方的最初利益達成共識。

這樣，談判桌上就會出現這樣的情況——由於雙方將更多的精力投入到立場上，各自真正關心的問題被忽略掉了，達成協議的可能性也變小了。最後的談判結果也許只是機械的反映各自最終立場的差距，而不是真正認真的考慮雙方的合法利益，結果往往也就不那麼令雙方滿意了。

一、在立場上糾纏不清會阻礙雙方達成協議

如果談判的雙方在立場上糾纏不清，有時為了使最終結果有利於自己，談判的雙方在起步都很極端，而且死守不放，甚至還會用欺騙對方的手段，以達到隱瞞自己真實觀點的目的。此時的談判雙方，只有迫不得已的時候才做一點點讓步。

以上這些因素都會影響雙方達成有效協議。雙方起步越極端，讓步越小，談判所需的時間就越長，所花的精力也就越多。傳統的談判方式還需要談判者做出大量的決定，如能給對方什麼條件，該拒絕什麼條件，可能做出多大讓步等。決策過程最為費時費力，每一項決定不僅是向對方讓步而且可能會產生壓力，從而導致再次讓步。

因此談判者往往拖延時間，威脅要離開談判桌，阻礙談判進程，或採取其他一些花招，這只能使雙方投入更多的時間和精力，增加不歡而散的可能性。

從這裡可以看出，在立場上討價還價完全是一場意志的較量。每個談判者都堅持自己的立場，本來是雙方合作解決的問題，卻成了一場你死我活的對戰，每一方都試圖單憑意志力使對方退卻。

從心理學的角度看，這樣的做法根本不利於談判的順利進行。因為當談判的一方看到自己的合理要求，由於對方的強力壓制而得不到重視時，憤怒和憎恨往往占據上風。

所以說，在立場上討價還價會影響甚至破壞雙方的關係：一起合作多年的企業集團可能會分道揚鑣；鄰居們從此不再說話；一次唇槍舌劍帶來的不愉快，也許一輩子都消除不了。這樣

的談判可謂後患無窮。

二、要著眼於利益，而不是立場

立場式談判的一個弊端在於談判者本應滿足各自的潛在利益，而實際上卻把精力集中在各自的立場上。談判中的立場經常掩蓋了你的實際利益需求。在立場上做出妥協無助於達成共識，也不能夠兼顧雙方立場背後的實際需求。

明智的解決辦法：協調雙方利益而不是立場。利益是問題的關鍵。談判的根本問題不在於雙方立場上的衝突，而在於雙方需求、願望、想法乃至恐懼等方面的衝突。

每一項利益可以透過多種方式得到滿足，人們往往只採取最顯而易見的立場。如果你能從對立的立場背後尋找利益動機，也許就能找到既滿足自己的利益，又能滿足對方利益的新立場。

其實對立的立場背後不止有衝突的利益，還有更多的其他利益，所以，協調利益而不是在立場上妥協也會行之有效。對立的立場背後既有共同利益，也有相互衝突的利益。

我們通常會這樣認為：對方的立場與我們的背道而馳，他們的利益也一定與我們的格格不入。其實在大多數談判中，只要仔細考慮潛在的利益需求，就能發現雙方共同或可調和的利益要遠遠多於相互對立的利益。

談判者應該清楚的認知到，談判的目的是實現自己的利益。只有與對方就此溝通，才能增加實現這些利益的可能性。對方可能並不知道你的利益是什麼，你也可能不知道對方的利益所在，你們中有一方或者雙方只顧抱怨已經過去的事情，而不考慮下一步該怎麼做，或許你們根本就沒有聽對方在說些什麼。如果希望對方認真考慮你的利益，那就明確告訴他們怎樣做才符合你的利益。

每一步的讓步都要進行交換

談判中無論是哪一方先做大幅的讓步，該方失敗的可能性都很大。不管多麼有利的立場，也不管你的意見如何合理，一旦首先做出讓步，就會輕易暴露自己的談判底線，使自己陷於被動。

同時，在談判中做出大幅的讓步，也會使對方立刻改變對你的看法。本來他以為你是個難以攻克的堡壘，沒想到原來是個稻草人，裝樣子的。所以在接下來的談判中，就不會太在意你的要求，你也就難有挽回的餘地了。

然而，有時在談判中，為了達成協議，讓步是必要的。但是，讓步不是輕率的行為，必須慎重處理。如果迫不得已，己方再不做出讓步就有可能使談判破裂的話，也必須把握住「此失彼補」這一原則。

因為談判是企業實現經濟目標的手段，談判者都相當注意談判所涉及的成本、效率和效益。所以儘管讓步是迫不得已的，也要讓對方給予回報，因為不講求經濟效益的談判，就失去了價值和意義。

透過對談判心理學的研究發現，在談判的中期不能有大的單方面的讓步。因為此時談判已經經歷過開始的準備、展開和評估調整的階段，如果這時候，談判的一方突然有一個大的單方面的讓步，會使另一方認為你是在繞圈子。

如果談判的另一方認定你還可以讓步，他加緊迫使你再次讓步。這樣一來，對於談判雙方達成最後協議會產生十分不利的影響，甚至會造成時間的拖延，導致談判破裂等。為減少不必要的麻煩，一定不要在談判的中期做出大的單方面的讓步。

一、讓步的技巧

想要成為一個成功的談判者，有些事情是必須要做到的，但還有一些事情是絕對不能做的。談判者最不該做的事情，就是盲目的向對手讓步。這樣做，不僅使自己付出了更高的價格，而且會讓對方懷疑自己出價太低，下次再跟你交易時就會漫天要價了。所以要想讓自己付出的更少，而對手也能得到滿足，就必須學會讓步的技巧。

在談判中，談判者的讓步技巧花樣眾多，但不外乎以下幾種。

（一）聲東擊西

在談判時一定要先列出一長串的要求給對方，如價格、付款條件、訂單最低量、到貨時間、包裝等，而且彷彿你非常在意這些問題與要求，堅持你要堅持的條件，僅對無關緊要的條件做讓步，使對方增加滿足感。

這個談判策略的重點在於假象要逼真，自己的真正目的要隱藏得深而巧妙，不被覺察，否則會弄巧成拙。

(二) 反悔策略

懂得反悔之道，是一個人通權達變，實現自我價值的必要開端。如果反悔對人對己都沒什麼壞處，而對於成功合作、玉成好事有促進之益，為何要執迷於愚忠之謬呢？在銷售中，更是如此，反悔成了一種賭博，只有當買主對你用各種手段糾纏不休的時候使用。

反悔策略講求「毀諾」要有禮有節。「我保證」是語言中最危險的句子之一，所以在交易中許諾時就應該八成把握只說五成，而不應把話說絕說滿，免得忽生變故時沒有迴旋餘地。至於不能兌現的請求，有時也可答應下來，但也應許諾巧妙，緩兵有術，更不應經常以拖延去反悔。

(三) 幽默拒絕

當無法滿足對方提出的不合理要求時，可以在輕鬆詼諧的話語中設一個否定問句，或講述一個精彩的故事，讓對方聽出弦外之音，這樣既避免了對方的難堪，又轉移了對方被拒絕的不快。這樣的拒絕，不僅轉移了對方的視線，還闡述了拒絕的理由。

切忌，談判的進程充滿變數，但有一點可以肯定：對方會很快忘記你所做的讓步；你所買的物品可能會在許多年後升值，但在討價還價的過程中，你所做的任何讓步都會很快貶值。很可能你的對手在不到兩個小時的時間裡，就會徹底的忘掉你為他所做的任何讓步。

二、不做沒有回報的讓步

每一個談判者都應該做到，在談判過程中，無論在什麼情況下，只要你按照對方的要求做出一些讓步，就一定要學會索取回報。

我有一個朋友購買了一間新房子，打算為這間房屋裝修一下。他聯絡了一家裝修公司，定好了三個月交工，但到三個月後，對方以設計裝修難度過大還有保證品質為由，提出暫緩十天交工。當時我的朋友並不急於住進新房子，所以在聽到他們的解釋後，便同意暫緩十天交工。

但事實上，到十天以後，我的朋友來到新裝修好的房子驗收，發現許多原先的設計方案並沒有加入到房屋的裝修中，而且許多細節的裝修也十分不理想。無奈之下，我的朋友只得讓這家裝修公司在原有的基礎上對裝修進行修改，並要求裝修公司嚴格按照他的意見來辦，但同時我的朋友也要再為此支付一定的費用。

事後我的朋友對我提起此事，認為自己在對方提出延緩的時候，就應該提出自己的條件，以此來要求他們將裝修工作做好。那樣也許就不會出現那麼多的問題，而且如果出現不合適的地方，他們也必須負全部責任，自己便能節省下很多費用。

透過這個故事我們可以知道，要求對方做出回報，你可以讓你所做出的讓步更有價值。從談判的角度講，既然是在談判，為什麼要免費讓步呢？一定要讓對方也做出同樣的讓步。

其實不做沒有回報的讓步，還可以成功的幫你避免不必要的糾紛。如果對方知道每次要你做出讓步都要付出相應的代價的話，他們就不會無休止的讓你一再讓步。

所以當你在談判做出某個讓步時，一定要立即要求對方給予回報，千萬別坐在那裡等，想著對方會因此而對你感激不已，甚至以為對方會對你有所補償。你要清楚一個概念，無論你為對方做了什麼，你所做的一切，在他心目中的價值很快就會貶值。

三、怎樣讓步才能最容易獲得成功

首先，讓步不要太頻繁。在談判中，讓步是常見的，有時也是必要的。但是，讓步也要講究原則與分度。讓步無非有兩種組成因素，一種是讓步的幅度，另一種是讓步的次數。無論你是多麼渴望談成這筆交易，也無論對方如何對你軟硬兼施，你向對方讓步的幅度不能過大，讓步次數也絕不能過於頻繁。

想像一下，假如你真的如此頻繁的降價，對方會怎麼做?原來讓他們降價這麼容易啊！好，那我就一次又一次的逼他們降價。於是，你每一次的降價都放大了對方的欲望。對方只會對你的底線步步緊逼，既然只要肯講條件就能得到相應的利益，他們當然要為自己多爭取些利益了。

另一方面，你這樣頻繁的降價，絲毫不會引起對方的好感，他只會想，原來對方報價的水分這麼高。這樣即使他最後在談判中得到了很多的利益，他也不會對你產生任何的感激。相反，如果你能堅持自己的立場，絕不隨意向對方降價，對方可能還會敬重你是個有原則的人。

其次，要讓你的讓步在對方看來是有價值的。當你打算做出讓步時，首先考慮在對方眼中有無價值。很簡單，別人並不看重的東西，你即使白送他也毫無價值。所以，若未摸清對方的需求就做出許多讓步的話，對方也許並不領情。再者，會激起他的懷疑心理，也許他會想，你做出這些讓步是另有企圖。

如果先前的讓步是你一廂情願的，那麼，當對方要你做出真正的讓步時，你先前所做的讓步也許早已被人遺忘了。此時，你再做出讓步，就只能壓縮自己的利潤空間了。如果你先前並沒有做出任何讓步，當對方要求你做出讓步時，哪怕你做出一點讓步，對方也會領情。

四、最理想的讓步方式是什麼

在我看來，最理想的讓步方式就是：步步為「贏」，讓而不亂。

也就是說，你的每次讓步都給對方一定優惠，表現了己方的誠意，同時保全了對方的面子，使對方有一定的滿足感；讓步的幅度越來越小、越來越困難，使對方感到己方讓步不容易，是在竭力滿足對方的要求；最後的讓步幅度不大，是給對方警告，己方讓步到了極限。

這就需要談判者做到，在最佳目標中做出讓步，在最低目標中寸步不讓。

在談判中如果一定要捨棄一些的話，那麼應該在最佳目標中做出選擇，並在該目標項目中再細分出輕重緩急，以便將己方的損失降到最低。例如，你的報價不能讓步，那麼你可以考慮在配送或售後服務方面做出適當的讓步。謹記最低承受目標涉及企業最基本的利益，絕不能輕易讓步，否則整個談判將毫無意義。

所以說，如果自己先讓步，一定要對方給予回報。

在談判中，我們一方面要以價格為中心，堅持自己的利益；另一方面又不能僅僅局限於價格，應該拓寬思路，設法從其他利益因素上爭取應得的利益。因為與其在價格上與對手爭執不休，還不如在其他利益因素上，使對方給予相應的補償。談判高手都知道，一旦自己做出了讓步，應立即要求對方給予相應的回報。

如果我們在做出讓步後，沒有向對方要求回報，那麼便會容易激起對方的貪婪欲。談判就是在爭取利潤，為什麼要免費讓步呢？如果你面對的是得寸進尺、貪得無厭的人，那樣只會激起對方的貪婪欲，使自己好心不得好報。所以不要因為仁慈的同情心，而做出毫無原則的讓步。

而且，太過輕易的讓步，會讓你為對方的付出很快失去價值。

因為你所提供的任何服務都會迅速貶值。所以當你在談判中做出某個讓步時，千萬別坐在那裡，想著對方會因此而對你感激不已，甚至以為對方會對你有所補償。你一定要立即要求對方給予回報，因為無論你為對方做了什麼，你所做的一切都會在你完成服務的那一瞬間，開始失去價值。

但如果對手知道每次要你做出讓步都要付出相應的代價的話，他們就不會無休止的讓你一再讓步，這樣可以幫你避免不必要的糾紛。

不要折中的方案

心理學研究顯示，人們常喜歡用折中的方式展現一種公平的觀念。例如，一個人在購物中心買東西，他看上一個一千元的商品，但他的心理價位是八百元，在經過他和業務員之間的協商後，往往雙方會選擇九百元價位。

也許很多人認為，這樣的折中方式在面臨雙方之間無法解決的價格問題時，不失為一種很好的解決方案。然而在我看來，這種觀點是完全錯誤的，折中就像是在談判中選擇自殺。因為在談判中，折中就好像一個對方為你設下的陷阱，從表面看，雙方各退一步以顯示公平，其實一旦同意折中，便會處於被動地位。

在談判高手的眼中，最理想的談判狀態便是與對方的報價進行折中。只要將報價折中兩次，你就可以把雙方價格的差距變成百分之七十五對百分之二十五的分配，而如果再多分配幾次，你或許還可以得到更好的價格。

讓我們進行一下換位思考，假如你是賣方，你的一件商品如果賣兩千元便能賺到，你大可將價格提升到兩千五百元這個價位。也就是說，只要對方出價不低於一千五百元，只要你對雙方的價格進行折中，就會有很多利潤。而且一般也沒有顧客會提出多達一半的降幅，所以說對於賣方而言，只要咬緊價格讓顧客提出折中，便能賺取到很多利潤。

同樣的道理，如果你在談判中是處於買方的地位，並且順著對手的意願，同意對雙方的報價進行折中，那麼你就已經進入到對方的陷阱之中。

所以我們總結一句話，談判裡面，折中應該對方說出口，談判是可以折中的，即使要折中也是讓對方提出，但是不能由我方提出，因為折中策略是談判裡面非常大的陷阱，最先提出折中的一方定會處於被動地位。所以我們應該鼓勵對方多折中，在對方折中的時候，我們還要再堅持下去，這樣對方就會再折中一次，對方再折中就再吃虧一次。

絕對不要首先提出折中的方案。前面已經提過，很多人的潛意識裡面總有一種折中的思維定勢，即最終成交條件是雙方條件的平均值。

正因為如此，你千萬要記住，不要主動提出與對方的條件進行折中，而要鼓勵對方首先提出折中。舉例說明：

你想購買一輛汽車，經銷商的報價是七十五萬元，你的開價是七十萬元，你運用了「立即表示意外」的開局策略，經銷商把價格降低到七十四萬元，而你同意七十一萬元……接下來怎麼辦呢？看起來很簡單，如果你提出折中的價格七十二萬五千元，對方一定會接受。

但如果你提出：「既然是這樣，我們一人讓一步吧，七十二萬五千元，如何？」

如果你遇到的是個談判高手，對方的回答很有可能會出乎你的意外：「的確是這樣，我們也談了很長時間了，其實我們的差距也不大的，我開價七十四萬元，你還價七十二萬五千元，也就一萬五千元的差距，我很有誠意的，就七十三萬兩千元吧！」

看看結果。對方轉眼間就將談判的空間從七十一萬元至七十四萬元縮小到七十二萬五千元至七十四萬元。

從這個例子我們可以看到，談判雙方的要價範圍都不會重疊。那麼怎樣折中呢？不可避免的，總有一方會提出高的降低，低的升高，在差距的中點就會合了，這就是常說的「五五對半折中」。

表面上看來，這種折中很公平，雙方各讓一半，但事實上，因為雙方最初出價的不同，就算雙方讓的數目都一樣，但折中的價格不一定就是一個對雙方都公平的價格。在談判中，那些提議折中的談判者經常是已經處在一個有利的位置上，所以在接受折中方案之前，應該首先確定折中是否對你有利。

所以，原則是永遠不要首先提出折中，但總要鼓勵對方這樣做。因此我們應該運用這樣的對策：當買主試圖讓你折中的時候，你使用請示上級主管或黑臉／白臉策略。「聽起來還算合理，但我沒有權力。你給個價格，我回去跟我們的人商量一下，看看能不能讓他們接受。」

一定要切記，不要落入陷阱，認為折中是公平的事情。折中不意味著從正中間分開，你可以幾次進行。

也不要首先提出，但要鼓勵對方折中。讓對方提出折中的話，你把他們置於建議地位。然後你可以不情願的接受他們的建議，讓他們覺得自己贏了。

如何應對僵局

在進行談判的過程中，你經常會遇到這樣的情形：談判的雙方因為某一問題而產生極大的分歧，而談判的雙方誰也無法用各自的理由來說服對方，從而改變對方的觀點。這時，我們就可以說談判已經陷入到僵局之中。

也許對於一些談判的新手來說，面對以上這些情形會顯得無所適從。其實談判往往都不是那麼一帆風順的，所謂談判的僵局，不過是談判的雙方為利益的期望或是在某一問題的觀點上存在分歧，所以導致談判無法進行下去。對於談判高手來說，這些不過是十分平常的事，可以使用一些非常簡單的策略來打破這些僵局。

其實，每個人在談判時都希望並關心自己是否得到最大的利益。如果每個人都抱著這樣的心理，談判就沒有辦法達成一致，最後得到雙輸的結果。

當一個廠家具有壟斷或者決定性的地位，客戶就處於弱勢的位置。例如，微軟的 Windows 操作系統即使出現故障，客戶也不可能要求微軟提供技術支援和服務，因為客戶沒有選擇其他操作系統的餘地。

銷售代表在遇到談判的僵局時，處於弱勢地位，也不是什麼都不可為。當客戶一定要求廠家降價時，可以詢問客戶：「您是希望只做一次買賣呢？還是希望我們在銷售之後繼續提供良好的服務？」客戶的答案當然是後者。銷售代表可以說：「如果每一次廠家都賠錢，廠家怎麼能向客戶提供長期的優質的服務和支援呢？」銷售代表是使客戶夢想成真的人，而不是掏客戶腰包的人。當銷售代表使得客戶體會到這一點的時候，客戶就不會總是提出苛刻的談判條件。

而且，好的態度可以避免談判的破裂。客戶的要求可能是難以接受的，但也是情有可原的，因為客戶當然要爭取最大的利益。銷售代表沒有生硬的拒絕客戶的要求，而是表示理解，然後採用拖延戰術，保護了自己的利益，使得談判成為雙贏的結果。否則結果很可能是客戶贏，自己輸。如果相反，他認為客戶的要求很無理，表現得十分生氣，使得談判走向對立，談判失敗的可能就會增加。

銷售代表在談判之前應當制定自己的談判底線，這意味著與相關部門的溝通，同時銷售代表也需要判斷客戶的底線在哪裡。談判底線是談判雙方都要探索的，誰能夠找到對方的談判底線，誰就可以在談判中占據優勢。

面對僵局，談判雙方的各種解決辦法都無法達成一致，致使談判逐步走向破裂。所以解決的辦法一般是請各方的高層決策人員會晤，緩解雙方的壓力，在此期間與上層主管溝通，共同分析目前遇到的困難，制定可執行的應對方案。

很多談判代表並不願意自己的上級主管介入談判，他們認為這是一種失職的表現，會影響到日後的職業發展。

然而事實卻恰恰相反，一般你的主管會很樂意在最後時刻加入談判。當高層主管出席時，他可以在你不能許諾的事情上拍板決定，並態度強硬的要求對方做出讓步。這時對方往往容易妥協，因為他們很清楚，如果拒不讓步，此次談判即將以失敗告終。

當然，事事沒有絕對。有時談判者也許會遇到不願意拋頭露面的上級。在這種情況下，正是考驗一個談判者心理素養和談判能力的時刻。

通往成功的道路總是曲折的，在談判的過程中難免會出現僵局。這就要求談判者在對待僵局時，不要恐懼，不要驚慌。面對僵局時，隨便發一頓火氣不但對問題的解決毫無幫助，還會產生相當危險的後果。所以，此時就要求談判者運用一定的策略，並且有技巧性的去打破僵局。這樣不但有利於談判的順利運行，而且還可能獲得談判的主動權，為獲得有利的談判成果奪得先機。

一般來說，在談判中出現僵局時，可採取以下幾個策略。

一、更換話題

談判過程中，由於某個議題引起爭執，一時又無法解決，這時談判各方為了尋求和解，可以更換一下議題，將僵持的議題暫時擱置，等其他議題解決好，再在友好的氣氛中討論、解決僵持的問題。

例如，雙方在價格條款上互不相讓、僵持不下，可以把這一問題暫時拋在一邊，洽談交貨日期、付款方式、運輸、保險等條款。如果在這些問題的處理上雙方都相當滿意，就可能堅定了解決問題的信心。如果一方特別滿意，很可能對價格條款做出適當讓步。

二、調整談判人員

當談判僵持雙方已產生對立情緒，並不可調和時，可考慮更換談判人員，或者請地位較高的人出面，協商談判問題。

雙方談判人員如果互相產生成見，那麼會談就很難繼續進行下去。即使是改變談判場所，或採取其他緩和措施，也難以從根本上解決問題。形成這種局面的主要原因，是由於在談判中不能很好的區別對待人與事，由對事的分歧發展為雙方個人之間的矛盾。

當然，也不能忽視不同文化背景下，人們的不同價值觀念的影響。有時談判僵局係主談人的個人因素所造成的。僵局一旦形成，主談人的態度便不易改變，有時會滋生牴觸情緒，有損談判，此時，應考慮更換主談人。

在有些情況下，如大部分條款都已商定，卻因一兩個關鍵問題尚未解決而無法簽訂協議。這時，一方也可由地位較高的負責人出面談判，表示對僵持問題的關心和重視。同時，這也是向對方施加一定的心理壓力，迫使對方放棄原先較高的要求，做出一些妥協，以利協議的達成。

三、站在對方立場上說服對方

所謂說服，是以充分的理由和事實使對方認可。但是，在商務談判中僅有充分的理由和事實並不一定能使對方信服。為此，當談判中一方堅持固有意見時，要使說服有效，除了使用無可辯駁的證據和嚴密的推理外，還必須使對方的需求得到一定的滿足。所以，要站在對方的立場上去講清道理，使對方確實感到他原來所堅持的意見必須改變，方能扭轉談判僵局。

四、反問勸導法

在談判中常常會出現莫名其妙的壓抑氣氛，這就是陷入僵局的苗頭。出現這種情況的原因極為複雜，有的是談判人員個人心理變化所致，有的是一方雖有反對意見但尚未表露所致等。

此時，談判人員適當運用反問法，以對方的意見來反問對方，可以防止陷入僵局，而且能夠有效的勸說對方。待對方進一步解釋或回答時，供方便可知道需方的真實意圖了，然後便可以有針對性的進行勸導工作，從而避免談判陷入僵局。

五、幽默法

幽默在談判中運用得好，可以產生意想不到的效果。當談判出現沉悶的氣氛時，談判人員可以說幾句詼諧的話，使劍拔弩張的緊張氣氛得到緩解。這樣，談判人員的心理壓力也會得到緩解，精神會為之一振，可以使錯綜複雜的談判活動在輕鬆愉快的氣氛中進行。

只要談判者運用靈活的技巧，分析清楚導致談判陷入僵局的原因，並制定出相應的處理原則，消除僵局造成的影響。那麼對於談判雙方而言，可能會出現新的談判曙光。

如何應對困境

困境是一種介於僵局和死路之間的情形。當談判雙方仍然在舉行談判，但卻似乎無法獲得任何有意義的進展時，雙方就陷入了困境。

談判充滿了變數，並不是每次都能夠順利進行，每一位談判者或早或晚都將面對談判的困境。雖然分歧的確令雙方都非常難堪，但又很難避免其發生。

造成談判困境的原因有很多種，可能是價格上的分歧，交易條件上的分歧，售後服務方面的分歧等，雙方要麼沉默相對，要麼索性終止談判。這是雙方都不願發生的局面，也會給各自企業帶來損失，對談判個人來講是時間上的浪費。

那麼，如何能夠化解矛盾、擺脫困境呢？

許多經驗欠佳的談判者在困境面前不知所措，認為談判即將破裂，沒有辦法扭轉局面，完全喪失了繼續下去的信心。

其實在實際談判中真正的困境少之又少，很多困境都是有辦法解決的，但需要一定的技巧。其實我們所說的談判困境就是一種相持的表現形式，是可以找到相應的解決方法的。

在談判的相持中，你和對手至少有一方還在努力談判，但在同一個問題上始終找不到可以使雙方都能接受的解決方案，大家一籌莫展，談判沒有進展下去的跡象。

當談判進入相持階段，看似窮途末路，其實有很多解決分歧的方法。這裡我們可以做出幾個假設，然後詳細的說明解決問題的方法。

第一個假設是：

假如你是醫療器械生產企業的銷售代表，某天拜訪一家著名的大型醫院，當你完成產品介紹後，主治醫師緊鎖眉頭的看完了報價單，隨後一字一句的對你說：「你的產品的確非常出色，就是價格太高，在你之前有兩家企業已經找過我，產品功能基本相同，但價格比你低十個百分點，如果你要堅持這個價位，我們之間沒有合作的可能。」

然而你公司有嚴格的規定，只能在售價的基礎上降低五個百分點，顯然你不能滿足對方的要求，認為此次談判即將結束。

第二個假設是：

你捧著幾種新產品走進家樂福總部的採購辦公室，遺憾的是對方經理甚至沒有品嘗就把產品推還給你，隨後說：「你的產品雖然價格很低，但在我看來沒有任何吸引消費者的賣點，目前我店裡銷售的同類產品都各具特點，我沒有必要再引進新品了，更何況我們衡量產品的方法是單位面積的利潤貢獻率，我認為你的產品不會有很好的銷售前景，會影響到店裡的整體業績，所以我沒辦法與你合作。」

當你面對以上兩種狀況時，我的建議是：不要太過深究某一問題，可以將分歧問題延後討論，先解決可達成一致的項目，在談判的尾聲通常會出現大幅度的讓步。

經驗欠佳的談判者會認為應該首先解決原則性問題，如果在重大問題上沒有達成一致的意見，那麼解決小問題也毫無意義。

在我看來，這是一個觀念上的錯誤。事實上只有在大部分問題達成一致意見時，談判才會簡單化，會有助於交易的深入進行。

回到前面的例子。在第一個例子中，雖然分歧出在價格上面，但主治醫師已經認可了你的產品，這就是達成交易的機會。此時你可以先把價格的事情暫放一旁，再次深入的介紹產品的與眾不同之處，刺激他的購買欲望。

例如，在同類型產品中治療效果最佳，你公司具備快捷與完善的售後服務，後期維護費用低廉等，我相信總能找到幾項賣點。假如你在產品特性方面成功的說服了主治醫師後，最後在討論價格上會占據有利地位，對方同樣會做出一定幅度的讓步。

第二個例子相對簡單，因為對方在最重要的價格方面沒有異議，只是擔心日後會出現糟糕的銷售情況。

我認為你首先應該向對方強調價格上的優勢，這是規模效益的前提保證，對於新產品上市，你公司必然會有一套上市方案，把綜合優勢逐條分析給他聽，你會發現事情並非你想像的那樣困難。

透過以上方法的嘗試，一旦你同意可以透過某種方式解決分歧，對方很可能會暫時忽略雙方眼前的分歧。面對陷入困境的談判，你也可以嘗試不同的方式，從不同的角度出發，然後看看哪種方式可以幫助雙方重新確立信心。應對困境的情形大致類似於此。只要你有所行動，形勢就一定會有所變化。

如何應對死路

在談判陷入僵局後，一旦情況進一步惡化，你就會遭遇死路。所謂死路，就是指由於談判始終無法獲得進展，雙方都感到灰心喪氣，以至於他們感覺再談下去也毫無意義。

通常情況下，談判中很少會出現死路，但遇到死路，解決問題的唯一辦法就是引入第三方，即能夠充當調解人或仲裁者的力量。

仲裁者和調解人之間有著很大的差別。一般來說，談判雙方都會尊重仲裁者的意見，聽從仲裁者的裁決。就拿我們所熟悉的消費者協會來說，假如你在購買商品時認為自己受到了商家的矇騙，而商家此時卻擁有自己的一套說法，在這種情況下，大多數人都會選擇請消費者協會來進行仲裁，以判斷哪一方的說法更合理。

仲裁者一般是那些具有權威性的機構。而調解人的作用通常只是幫助雙方達成解決方案，只是產生催化劑的作用，幫助談判雙方透過自己的力量，找到一個雙方都認為比較合理的解決方案而已。

缺乏經驗的談判人員總是不願意請調解人，因為他們通常會把這看成是一種無能的表現。但那些談判高手卻知道，在很多情況下，第三方不僅本身也是一些經驗豐富的談判高手，而且他們往往也是解決問題的一種有效途徑。

從心理學上講，大部分人在與對方的溝通進入死路時，都希望有中立的第三方人員出現，並客觀的對雙方的觀點進行評判。

但要想讓第三方力量真正發揮作用，他首先必須是「中立」的。在有些情況下，為了讓你的對手認可你所請來的仲裁者或調解人，你可能要花上許多心思。

就比如說，如果你只是簡單的請來自己的銷售經理，你覺得顧客會認為這位經理是中立的嗎？幾乎不可能。所以，要想真正發揮調解人或仲裁者的作用，你的經理必須在顧客心目中確立一種「中立」的感覺。如果要想做到這一點，你的經理必須在一開始就向對方做出一些讓步。

例如，即使經理已經清楚的知道整件事情的來龍去脈，他還是應該向你和顧客仔細詢問事情的經過。這裡要注意的是，詢問的措辭是非常重要的。透過要求雙方闡明自己的立場，這位經理其實是在盡力確立一種毫無偏見的形象。而且在談話的過程中，他還應當注意避免使用諸如「我們」之類的字眼。

耐心的聽完雙方闡明的立場之後，他就應該向顧客提出一些讓步，例如，建議你可以答應一些顧客提出的要求。此時千萬不要以為你的經理是在胳臂往外彎，事實上，他只是在盡量讓客戶相信自己是「中立者」罷了。

正所謂當局者迷，旁觀者清。談判雙方的想法可能陷入具體問題之中，很難客觀、長遠的看待問題。此時中立調解人的進入，可以公正的聽取各方的利益，因為不會偏袒某一方，談判代表會知無不言，也許還會闡述更多的擔心和困難，有助於彼此的深入了解。

當熟知雙方的真實需求和利益後，中立調解人可以從容的對雙方進行說服工作，在沒有個人利益的情況下，任何調解語言都具有很強的說服力。

還有一點需要注意，不要為了逃離僵局、困境或死路而不惜一切代價。經驗豐富的談判高手通常會用僵局、困境或死路來作為向對方施壓的手段。一旦你確信雙方根本無法走出當前的死路，這也就意味著你可能會放棄自己的利益，甚至會屈服於對方的壓力了。

將人和事分開

人人都知道，解決問題時要使雙方相互理解、不發脾氣，有分歧不往心裡去會有多難，談判亦是如此。就談判本身而言，就是談判雙方將自己的不同觀點擺放出來並相互交換，以達到雙方滿意的結果。然而往往談判的發展並沒有這樣簡單，有時談判雙方的觀點相差過大，這就導致談判桌上出現火藥味十足的場景，這對於談判的雙方而言都不是一個好的現象。

一、保持住將人和事分開的原則

每個人對事物都有自己的一套看法，因此，不可能要求彼此的意志完全相同。一般情況下，人的感情往往會影響到對待問題的客觀立場。一旦立場有明顯的對立，私心雜念便油然產生。

對此，在談判中將人與事分開，需要保持以下幾個原則。

（一）說話要有目的

有時，造成困難的並不是溝通不足，而是溝通過度。當對方的情緒激動或看法偏激時，最好暫且不要和盤托出自己的想法。有時候，你已經充分表達了自己的讓步，卻反而難以得到對方的妥協。因此要注意：在進行重要的談判之前，必須先認清自己要傳達給對方的是什麼，以及期望與預測對方會有怎樣的反應，然後再考慮該怎樣發言、說話的目的是什麼。

(二) 切實了解對方

通常，人們只看到自己想看的一面，在許多詳細的資料中，往往只選出與自己看法相吻合的資料，然後以此為核心，完全無視自己可能是錯誤的先入為主的觀念，甚至扭曲事實，排斥與自己的意見相牴觸的看法。可以說，談判的雙方往往都只看到自己的優點和對方的缺點。當然，站在對方的立場上來看問題是相當困難的，但是只有具備這種能力，才是一個成功的談判者。如果想要改變或影響對方的見解，就必須了解對方。

切實了解對方的看法，並不表示你同意他的觀點。也許充分的了解了對方的想法，會導致修改自己的想法。無論如何不應將這點看作因了解別人的見解所付出的代價，而應視為了解對方的見解所得到的收益。這種了解，不僅可以縮小彼此意見的差距，而且還可以協助你看到新的利益。

由此可以看出，在人際關係很複雜的情況下謀求解決問題，應從「看法、情緒、溝通」三個原則進行思考，這會有很大的幫助。但要注意，談判的時候，不僅要撇開對方的人為因素，同時也不能忘記處理自己的人為因素。

二、如何做到將人和事分開

為了談判能夠順利的進行，在討論實質性問題之前，人和問題必須分開考慮，然後再單獨處理。例如，參與談判的人應將對方當作是並肩合作的同事，只攻擊問題，而不攻擊對方談判者。

由於談判時有人為因素存在，當事者之間的關係會對討論的實質產生微妙的影響。也就是說，不論是說的一方還是聽的一方，都很容易將人際關係和具體問題連結在一起。

下面介紹幾種有助於排除對方的人為因素，而且對於處理自己的人為因素有很大幫助的方法。

(一) 調查客觀事實

通常，商務談判中發生不同意見，都是因為雙方各持己見所造成的。在這種情況下，當事者往往會考慮對發生的問題進行詳細的調查。在談判的時候，調查客觀事實是十分必要的。因為客觀事實是雙方談判中爭論的關鍵性問題，若雙方都同意就事實解決問題，那麼，調查客觀事實就很有助於談判。

(二) 讓對方共同參與討論

在一般情況下，從未參與談判的人是不願同意或承認談判的結論或協議的。因此，必須事先確認當事者的意願再下結論，否則很可能引起對方的不滿，尤其是讓對方同意不利的結論時。在引出結論的過程中，必須讓對方共同參與討論。

(三) 不要懷疑對方的意圖

人們常常會基於自己的懷疑去假想別人的意圖。這種疑心往往是由先入為主的觀念造成的。雖然這也是一種祈求安全的做法。結果往往會將對方為解決問題而提出的新構想擱置一邊，即使對方的意見有了微妙的變化，也往往予以忽視或完全拒絕。

（四）替對方留點面子

有些談判，往往並非由於對方的提案使你無法接受而予以拒絕，而只是怕被人看成因遷就而屈居下風所致。對付這種談判局面，必須改變提案的方法或詞句，做到即使提案的主旨或內容不變，對方也會欣然接受。某市長在與市民討論解決失業問題的對策時，市長拒不同意市民代表的提案。但是，在對方撤回提案後，市長又同意將同樣的提案當作他本人競選時的政見，並予以公布。由此可見，面子問題與談判者自己追求的形象有著密切的關係，千萬忽視不得。

所以，當對方不採取與自己一致的原則或與過去的言行產生矛盾的立場，而你也沒有辦法接受對方的解決方案時，要彈性的調整一下，不僅能讓對方感到很有面子，而且自己也不會尷尬。

（五）給對方發洩情緒的機會

要想巧妙的應付對方的憤怒、焦躁、沮喪和反感，最好的方法是給對方一個發洩情緒的機會。談判也是如此。假如讓對方把心中鬱悶的情緒發洩完畢，他就能夠理性的進行談判。有時候，談判者坦率的說出他的憤怒，會使得他的支持者認為他很有骨氣、非常可靠，於是，他在談判時會享有更大的決定權。

所以，應當平靜的面對對方的指責，不阻擋，也不逃避，讓對方有機會發洩他的不滿。尤其是讓對方背後的支持者聽見他指責你的演說，情況將會更有利，因為這時非但談判者本身得以發洩其不滿，而且其背後人們的不滿也得以發洩。當對方在發洩不滿的情緒時，切記不必反擊。只須默默的聽著，讓對方把想說的話說完，如果需要，可以偶爾說一句：「請繼續說下去。」這是最聰明的做法。

(六) 注意傾聽

在談判中要做到認真傾聽對方意見是比較困難的，但是，只有堅持並仔細的聽完，才能準確的知道對方的想法，了解對方的情緒和所要表達的意圖。

(七) 對事不對人

為了有效的進行談判，雙方都必須認定對方是自己並肩作戰的戰友，是一同尋找對彼此既有利又公正的解決問題的方法的夥伴，從而將雙方的對立關係調整為利害與共的關係，而且彼此要互相合作，共同研究。只有這樣，才能順利的達成協議。

把人和問題的本質分開，基本而有效的方式是與對方保持良好的人際關係，將問題按照它的事實或價值來處理。

第五章　終局階段的談判策略

談判的終局即將來到。在這最後的時刻可能會顛倒乾坤，就好像賽馬一樣，在即將到達終點時，往往會出現戲劇性的變化。談判高手知道如何有條不紊的控制進程直到終點，並一步步蠶食你的對手。在這一時期你所要施行的策略就是，堅持、堅持、再堅持！

做好白臉和黑臉的選擇

白臉與黑臉的談判策略是談判桌前最常使用的戰術之一。要使用白臉和黑臉的戰術，就需要有兩名談判者，但要注意的是，兩名談判者不可以一同出席前兩個階段的談判。如果之前兩人一塊出席的話，若是其中一人留給對方不良印象的話，必然會影響其對另一人的觀感，這對終局階段的談判來說是十分不利的。

一、「黑臉」與「白臉」的通力合作

從心理學的角度分析，當你想給對方製造壓力，但又不想讓對方產生對抗情緒時，「黑臉／白臉」就是一種非常有效的策略。

第一位出現的談判者唱的就是「黑臉」，他的責任在激起對方「這個人不好惹」的反應。而第二位談判者唱的是「白臉」，也就是扮演「和平天使」的角色，使對方產生「總算鬆了一口氣」的感覺。就這樣兩者交替出現，輪番上陣，直到談判達到目的為止。

我們經常可以聽到有人在談判桌上這樣說：「我們部門的經理十分頑固，他告訴我如果對方定價少於一千元便不能賣。不過，為了我們兩家公司的友好合作，我好說歹說，部長終於同意將定價降低到八百元，所以真的不能再降價了。」

在這裡我們可以看出，所謂的部門經理就是「黑臉」，而談判者就變成了「白臉」。站在對方的角度來看，他會認為那位部門經理真麻煩，而對這位業務員則應心存感謝，那麼，他所說的「單價八百元」也應該是划算的價格吧。

相反的，高層人士也能夠成為「白臉」。

例如，你想購買一輛汽車。但在你與業務員詢問價格時，對方冷淡的說「七十萬元」，並且不願意做任何的讓步。在你正打算離開時，業務員卻又對你說「今天正好我們店長在，我可以帶你去詢問一下他」，然後把你帶到店長那裡。

當你見到店長後，發現他笑容可掬，非常和藹。

他在聽完業務員的解釋後，思索了一下，便對你說：「好吧，今天我破例以六十九萬元賣給你。」

與「黑臉」的業務員相比，「白臉」的店長和氣多了。那麼，你就會覺得他所給出的「六十九萬元」的價格是相當划算的。

在實際的操作中，第一個談判者只需要做到使對方產生「真不想再和這種人談下去了」的反感便夠了，不過，這樣的戰術只能用在對方極欲從談判中獲得協議的場合中。當對方有意藉著談判尋求問題的解決時，是不會因對第一個談判者的印象欠佳而中止談判的。所以，在談判前，你必須先設法控制對方對談判所抱持的態度，如果是「可談可不談」，那麼「白臉」與「黑臉」戰術便派不上用場了。

前面已經提過，談判以在自己的地盤上進行較為有利，但是在使用「白臉」與「黑臉」戰術時，卻反而以在對方的陣營中進行談判為佳。不管第一位上陣的談判者用什麼方式向對方「挑戰」，如果談判是在對方的陣營中進行的話，基於一種「反正這裡是我的地盤」的安全感，對方通常不會有過度情緒化的反應。因此，當第二名談判者出現時，他們的態度自然也不至於過分惡劣了。

相反的，若談判是在自己的地盤進行，而對方又被第一位上陣的談判者激怒了的話，便很可能拒絕再度前來，或者乾脆提出改換談判地點的要求。一旦談判地點變更，對方便可能因此而擺脫掉上回談判所帶來的不悅，重新振奮起來，以高昂的鬥志再度面對你的挑戰。果真如此，那麼「白臉」與「黑臉」戰術的效果就要大打折扣了。

「白臉」與「黑臉」戰術的功效是源自第一位談判者與第二談判者的「聯合作業」上。第二位談判者就是要利用對方對第一位談判者所產生的不良印象，繼續其「承前啟後」的工作。第一位談判者的「表演」若未成功，第二位談判者自然也就沒戲可唱了。

二、如何對付對方使用「白臉」、「黑臉」

談判者經常會遇到這樣的情況，你的談判對手在一開始十分不講道理，並絲毫沒有妥協的意願，在你就要放棄談判時，對方又派來一位「好人」前來。這位「好人」十分注意的聽你講，然後安靜的解釋，為什麼他們那一方只能按他們的建議來解決問題。當然，在這中間他還一定會插進一些甜蜜的懇求，希望你能理解人家的苦衷。如果你真的鑽了他的圈套，你自然就會給得恐怕比人家要的還多。當然，如果你竟然不領這位「好人」的情，人家也會做出些小小的讓步，以便推著你向最終協議那個方向走。

乍看起來，這種策略似乎既愚蠢又過於簡單，但你得明白，這一招是靠同情和理解維持的，這可是人們最願意給予的。而且，如果你已在很長的一段時間裡和一個蠻不講理的人舌戰並毫無進展，一旦發現協議即將泯滅時，終於聽到了一個講道理的聲音，你當然會非常高興。不幸的是，如果說那位蠻橫的傢伙除了試試你有多大脾氣之外，還沒傷著你的別的什麼地方的話，這位「老好人」先生可是直奔你們的錢口袋來的。

對此，你可以採取的極端立場是，你們也演這一齣戲。他們不是唱白臉的出場了嗎，你們也派個人跟他們吹鬍子瞪眼。這回你是在讓他們也嘗嘗做惡夢的滋味。而當他們期望「老好人」先生能夠演得好，從你方獲得些讓步時，他們會發現，坐在對面的不但不是個被鬥得面色慘白的廢物，相反，那正是個十分了不得的硬漢。

不過這是雙方之間小小的甚至是等於零的溝通。因此，你應當牢記在心的重要事情還應當是，談判破裂本身並不就意味著這筆交易是澈底的吹了。如果以後對方又要求與你接觸，恢復談判那當然好，可別忘了還有最壞的事，那就是恢復談判的要求得由你首先提出來。

一步步蠶食對手

在談判到快結束的時候，對手會比較容易接受先前反對的事情。所以這應該是我們在談判的終局階段的一個重要的策略，因為它完成了兩件事情：一個是使你已經和買主達成的交易錦上添花，另一個是你可以用它使買主同意他先前不願意同意的事情。

所以，蠶食原則告訴你，談判後期運用蠶食策略，你更容易得到一些東西。

一、蠶食對手要注意的幾點

談判高手的一個原則就是你不必一下子要求所有的東西。你在談判中先讓對方同意，然後再回過頭來追加要求。當買家和你經過了艱苦的談判，到了最後一刻，全部的條件都達成了，他終於舒了一口氣，全部的戒備心理都已經放下來了，這個時候，你向對方再要求一些東西就會比較容易。

從心理學角度看，談判中總有某個時候對方覺得自己非常脆弱，此時他覺得談判就要告吹了。而對方之所以有最脆弱的時候，主要有三個原因：

（一）對方剛剛做一筆買賣，所以他自我感覺不錯。當人感覺好的時候，就容易把自己原來不願意給予別人的東西給予了別人。

（二）對方可能在想，和你什麼都談好了，不想冒險重新再來，重新談所有的問題，這樣整筆生意就丟了。

（三）對方可能幾天沒有成交一單生意了，他的心裡一直都有一個念頭，這個單不論損失多少，一定要拿下。所以，你做出決定以後，就是對方最為脆弱的時候，這時要對對手進行蠶食。

談判高手總能考慮進行蠶食的可能。掌握時機是很重要的——抓住對方壓力有所緩解，且因談判成功而大舒一口氣的時機。當然，使用這個方法要特別小心，要非常有誠意，說話也要精心設計，不要讓別人感覺你有趁機占便宜的意圖。

對於一個談判者來說，透過使用蠶食策略，即使談判雙方已經就所有問題達成了共識，你還是可以從對方那裡得到更多好處。你甚至還可以讓對方做一些起初他不願意做的事情。

汽車銷售人員非常清楚這一點。他知道，如果自己一開始就獅子大開口，客戶很可能會立即產生抵制心理。所以通常情況下，他們會首先設法讓你產生這樣一種心理：「我會買一輛車，而且一定要在這裡買。」所以無論客戶要求什麼型號，即使這種型號根本不賺錢，甚至已經停產了，銷售人員都會滿口應承下來。然後他們就會把你帶到會客室，開始慢慢增加條件。

從這裡可以看出，蠶食策略的關鍵就在於，在談判進行了一段時間之後，你可以透過逐漸提出一些看似微不足道的要求，來達到自己的目的。

如果你家裡有個十幾歲的小孩子，我想你就很明白我的意思了。要知道，這些孩子根本不需要接受任何談判培訓，因為孩子們天生就是談判高手。之所以這樣，並不是因為他們在學校裡學到了任何談判技巧，而是因為只有透過談判，他們才能得到想要的一切。所以對於孩子的父母而言，如果你想要成功的將孩子養大的話，就必須學會這些談判的技巧。

談判者要知道，不要在談判剛開始時就直接提出自己的條件，你不妨稍微耐心一些，等到雙方商談好大部分條件之後，然後你再提出你自己的要求，並透過蠶食策略得到你想要的東西。

你可能會感覺有時談判的過程就像是在推著一顆超大的皮球上山，這顆皮球是如此巨型，以至於它遠遠超過了你的體積。你不得不用盡渾身解數才能把它推到山頂——也就是你想要透過談判達成的目標。一旦到了山頂，你就可以讓皮球自然的沿著山那邊的斜坡滾下去。之所以會有這種感覺，主要是因為，一旦談判雙方達成了最初的協議之後，他們內心就會產生一種非常良好的感覺。他們會長舒一口氣，似乎所有的壓力和緊張都在這一瞬間得到了釋放。這時，他們的大腦就會開始強化自己剛剛做過的決定，他們也就會更加容易接受你所提出的一些「微不足道」的要求。

二、發現談判對手企圖蠶食你時該怎麼辦

當你發現談判對手企圖蠶食你時，不妨考慮採用以下方式應對：

(一)透過書面的方式告訴你的客戶，如果他們希望你做出任何讓步，就必須按照你的標準付費。如果你的公司有什麼附加服務條款，一定要事先用書面形式列出來，但同時也要註明相應的價格。

(二)列出所有的培訓、安裝、延長保固期等的費用。無論對方提出怎樣的要求，都不要告訴對方你擁有最終決定權。

(三)你可以使用更高權威策略來保護自己，或者也可以使用白臉／黑臉策略。

當你發現對手在使用蠶食策略時，一定要進行反擊。例如，你可以透過一種溫和的方式讓對方感覺自己的做法很沒有層次。這時候一定要很小心，因為此時通常是談判過程中一個比較敏感的階段。

為了避免買主對你使用蠶食策略，你在談判的時候就要考慮周全，不要有僥倖心理，什麼

都應該談清楚。其次，如果最後關頭對方試圖讓你讓步，你也得讓對方讓步。最後你也可以表示，你沒有權力決定，要請示老闆才可以，而老闆不在。一般這種情況下對方都不會再有所要求。因為對方這個時候可能也是抱著僥倖心理說說而已。

在談判過程中，重點考慮以下幾點：如果準備在雙方談判結束之後採取蠶食策略的話，你應該注意哪些問題？在準備再次提出一些已經遭到對方拒絕的建議之前，你是否已經有了一個清晰的計畫？如果對方可能會在最後一刻對你發起蠶食策略，你是否已經做好了應對的準備？

做出讓步時，幅度要小

要知道在談判進行到終局階段時，談判的雙方是一定要做出讓步的。透過自己做出讓步，以爭取對手的讓步，這是談判的基本常識，但是，這並不意味著無原則的進行退讓。讓步是為了能夠儘早的實現最終的目標，不能讓對手對你的讓步一直保持期待。

因此，所做的最初的讓步，對你來說，就應該是「最大的讓步」。之後再做讓步時，幅度一定要小。

一、談判中的讓步技巧

談判中需要讓步時，必須要明白兩個問題：一個是你的讓步是否是必要的而且是十分謹慎的，並且可以得到對方善意的響應。第二個是對方所要求的讓步是否是合理的。只有弄清楚這兩個問題，你才能開始向對方讓步。談判中讓步時需要注意四個技巧：

（一）突顯讓步。不要認為行為會證明一切，就算你讓步了，對方可能沒有注意到，或者是故意忽略掉。要讓對方知道你犧牲了什麼，這樣的讓步才會產生讓步的效果、達到讓步的目的。

（二）要求並且界定對方應有的對等回報。即使對方了解你的讓步，也不一定會做出讓步。因此，在突顯了你的讓步之後，直接明確要求對方回報。指明希望對方讓步的內容很重要，因為只有你自己知道你想要什麼。如果沒有明說，對方讓步的項目會是他以為你想要的，或者他最容易放棄的。

（三）有條件的讓步。當雙方的互信度低時，或者只是一次性談判，不需要顧及長久關係時，可以善用有條件的讓步。也就是說，如果對方做出某個讓步，你也會做出某個讓步。這種讓步的風險低，你會先得到想要的，然後才做出某些放棄。

（四）分期付款式的讓步。一次得到的與兩次得到的相比，所獲得的利益雖然是一樣的，但後者的情況或許更令人高興，因為有中獎兩次的加倍快樂的感受。同樣道理，將讓步分段釋放出來，也會讓對方更加高興。分段讓步還有其他優點：大多數的談判者都會預期，談判需要來來回回多次的討價還價，無論你是多麼大方，當你一次給完時，對方都會覺得你應該還沒有給出底線。

談判是雙方不斷的讓步，最終達到價值交換的一個過程。讓步既需要把握時機又需要掌握一些基本的技巧，也許一個小小的讓步會涉及整個策略布局，草率讓步和寸土不讓都是不可取的。

二、讓步的原則

一些談判者不斷重複著毫無原則的讓步，不清楚讓步的真實目的，最終的結果往往是將自己逼入絕境，而對手卻在靜觀其變。

這些談判者除了缺乏對談判的了解外，也有自身性格的原因，他們不願意為了一樁小事傷了面子、壞了情緒，影響日後的交易。這種對於談判的理解在業界是非常普遍的，但卻是極端危險的。

談判就是談判，在工作之外你可以和對方促膝談心，成為莫逆之交，但在談判桌前就要針鋒相對，要清楚你代表的是企業行為而絕非個體，你的一個輕易讓步可能會使企業利潤降低或者虧損，減少市場的投入甚至影響到員工的收入都說不定，也許沒有人認為自己的行為會有如此的後果，但如果每一名談判者都抱著如此的心態，那麼再優秀的企業也會垮臺破產。

因性格而改變談判結果的例子比比皆是，性格軟弱的談判者更容易做出讓步，買家很願意和這類談判者共事，他們總會提出一些難以接受的要求，隨後不斷的施加壓力，迫使談判者一次又一次的接受。

在我認識的幾位談判高手中，大都在生活上相當隨意，但在談判桌上卻判若兩人，辦事雷厲風行，很好的完成了角色的轉變。

所以我認為性格不會影響談判者的成長，只要掌握正常的心態、強化談判的決心，你就不會輕易的讓步，即使你方處於弱勢。所以說真正影響談判者在談判中發揮的因素不是性格，而是原則。

那麼，談判者在做出讓步時要遵循哪些原則呢？

（一）剛性原則

要知道在談判中，談判雙方在尋求自己目標價值最大化的同時，也對自己最大的讓步價值有所準備，換句話說，談判中可以使用的讓步資源是有限的。

所以，讓步策略的使用是具有剛性的，其運用的力度只能是先小後大，一旦讓步力度下降或減小，則以往的讓步價值也失去意義。

同時，談判對手對於讓步的體會具有時效性，一種方式的讓步使用幾次就失去效果，同時也應該注意到談判對手的某些需求是無止境的。

這就要求談判者必須認知到，讓步策略的運用是有限的，即使你所擁有的讓步資源相當豐富，但是在談判中，對手對於你的讓步的體會也是不同的，並不能保證獲得預先期望的價值回報。

因此，在剛性原則中必須注意以下幾點：

1 談判對手的需求是有一定限度的，也是具有一定層次差別的，讓步策略的運用也必須是有限的、有層次區別的。

2 讓步策略的運用的效果是有限的，每一次的讓步只能在談判的一定時期內發揮作用，是針對特定階段、特定人物、特定事件起作用的，所以不要期望滿足對手的所有意願，對於重要問題的讓步必須給予嚴格的控制。

3 時刻對於讓步資源的投入與你所期望效果的產出進行對比分析，必須做到讓步價值的投入小於所產生的積極效益。

在使用讓步資源時一定要有一個所獲利潤的測算，你需要投入多大比例來保證你所期望的回報，並不是投入越多回報越多，而是尋求一個兩者之間的最佳組合。

(二) 時機原則

所謂讓步策略中的時機原則，就是在適當的時機和場合做出適當適時的讓步，使談判讓步的作用發揮到最大、所產生的作用最佳。

雖然讓步的正確時機和不正確時機說起來容易，但在談判的實際過程中，時機是非常難以把握的，常常存在以下各種問題：

1 時機難以判定，例如，認為談判的對方提出要求時就認為讓步的時機到了，或者認為讓步有一系列的方法，談判完成是最佳的時機。

2 對於讓步的隨意性導致時機把握不準確，在商務談判中，談判者僅根據自己的喜好、興趣、成見、性情等因素使用讓步策略，而不顧及所處的場合、談判的進展情況及發展方向等，不遵從讓步策略的原則、方式和方法。

這種隨意性導致讓步價值缺失、讓步原則消失，進而促使對方的胃口越來越大，在談判中喪失主動權，導致談判失敗，所以在使用讓步策略時，千萬不得隨意而為之。

(三) 清晰原則

在商務談判的讓步策略中的清晰原則是：讓步的標準、讓步的對象、讓步的理由、讓步的具體內容及實施細節應當準確明瞭，避免因為讓步而導致新的問題和矛盾。

常見的問題有：

1 讓步的標準不明確，使對方感覺自己的期望與你的讓步意圖錯位，甚至感覺你沒有在問題上讓步而是含糊其辭。

2 方式、內容不清晰，在談判中你所做的每一次讓步，必須是對方所能明確感受到的，也就是說，讓步的方式、內容必須準確、有力度，對方能夠明確感覺到你所做出的讓步，從而激發對方的反應。

(四) 彌補原則

如果迫不得已，己方再不做出讓步就有可能使談判夭折的話，也必須掌握住「此失彼補」這一原則。即這一方面雖然己方給了對方優惠，但在另一方面必須加倍的，至少均等的獲取回報。

當然，在談判時，如果發覺此問題己方若是讓步可以換取彼此更大的好處時，也應毫不猶豫的為其讓步，以保持全盤的優勢。

在商務談判中，為了達成協議，讓步是必要的。但是，讓步不是輕率的行動，必須遵循一定的原則。成功的讓步策略可以產生以局部小利益的犧牲來換取整體利益的作用，甚至在有些時候可以達到「四兩撥千斤」的效果。

其實如果談判者能夠站在對方的立場上考慮，就會很好的體會到這一點。如果在談判中，你的讓步幅度越來越小，對手就會認為這些恐怕是你最後的讓步。這樣一來，就能夠從心理上打擊對方，迫使他們做出決斷，接受報價。

相反的，隨著談判的深入，你所做出的讓步也越來越大的話，對方會怎麼想呢？即使你做出了讓步，對方也會認為這樣的讓步應該還會持續，因此，他並不會接受你已經做出的讓步。他們一定會一直期待著你的讓步。

善用最後通牒

談判中的最後通牒，通常包括最後出價和最後時限兩個方面，它是談判後期中的一種非常規的談判策略。往往談判中的一方下達出最後通牒，也就意味著談判雙方即將攤出手中的最後底牌，無論結果是好是壞。

最後通牒策略是指當談判雙方因某些問題糾纏不休時，其中處於有利地位的一方，向對方提出最後交易條件，要麼對方接受本方交易條件，要麼本方退出談判，以此迫使對方讓步的談判策略。

所以說，最後通牒是一把雙刃劍，談判者實施它時需要一定的條件和技巧，使用時要慎之又慎，否則會導致談判破裂。談判一方發出最後通牒時，另一方應根據具體情況採取恰當的策略對付最後通牒，使之失敗。當最後通牒失敗後，為了使談判繼續進行，發出方可以採取一定的方法補救。

一、謹慎運用最後通牒

最後通牒策略是極有效的策略，它在打破對方對未來的奢望、擊敗猶豫中的對手方面有著決定性的作用。

一般來說，只有在以下四種情況下，才使用最後通牒策略。

(一)談判者知道自己處於一個強有力的地位，別的競爭者都不如他的條件優越，如果對方要使談判繼續進行並達成協議的話，只有找他。

(二)談判者已嘗試過其他的方法，但都未獲得什麼效果。這時，採取最後通牒策略是迫使對方改變想法的唯一手段。

(三)當己方將條件降到最低限度時。

(四)當對方經過曠日持久的談判，已無法再擔負由於失去這筆交易所造成的損失而非達成協議不可時。

最後通牒策略以極強硬的形象出現，人們往往不得已而用之。它的最後結果是可能中斷談判，也可能促使談判成功。因為一般來說，談判雙方都是有所求而來的，誰都不願白白的花費精力和時間空手而歸。特別是在商務談判中，任何一個商人、企業家都知道，自己一旦退出談判，馬上就會有許多等在一旁的競爭者取而代之。

即使如此，使用最後通牒策略也必須慎重，因為它實際上是把對方逼到了毫無選擇餘地的境地，容易引起對方的敵意。

二、最後通牒策略的成功條件

談判者使用最後通謀策略，總希望能夠成功，其成功必須具備以下五個條件：

（一）送給對方最後通牒的方式和時間要恰當。一般是在送出最後通牒前，想方設法讓對方在你身上先做些投資。例如，先在其他次要問題上達成協議，在時間、精力等方面讓對方有所消耗，等到對方的「投資」達到一定程度時，即可拋出最後通牒，使得對方難以抽身。

（二）送給對方最後通牒的言辭要委婉，既要達到目的，又不至於鋒芒太露。言辭太鋒利的最後通牒容易傷害對方的自尊心，因此多半是自討苦吃。例如，「就是這個價錢，不然沒什麼可談的了！」「接受這個條件，否則到此為止！」而言辭委婉的最後通牒效果要好一些。例如，「貴方的道理完全正確，只可惜我們只能出這個價錢，能否再通融一下。」這種留有餘地的最後通牒，替對方留下退路，易於被對方所接受。

（三）拿出一些令人信服的證據，讓事實說話。如果能替己方的觀點拿出文件和道理來支持，那就是最聰明的最後通牒了。例如，「你的要求提得並不過分，我非常理解，只是我方單位的財務制度不允許。」

(四)送給對方的最後通牒內容應有彈性。最後通牒不要將對方逼上梁山，別無他路可走，應該設法讓對方在己方的最後通牒中選擇出一條路，至少在對方看來是兩害相權取其輕。

(五)送給對方的最後通牒，要給對方留有考慮或請示的時間。在商務談判中，讓對方放棄原來的條件與立場，是需要時間的。因此，談判者送出最後通牒後，還要為對方留有考慮的時間，以便讓對方有考慮的餘地。這樣可使對方的敵意減輕，不至於弄巧成拙。

三、如果對方使用最後通牒的手段該怎樣應對

在進行商務談判時，最後通牒的這一弱點同樣也會展現出來，例如，你告訴一位供應商，如果他不能在明天中午完成發貨，你就會向他的競爭對手訂貨。如果是這樣的話，你最好做好真的從他的競爭對手那裡訂貨的準備。因為如果你在第二天中午之後，並沒有從他的競爭對手那裡訂貨，你就會失去所有的談判籌碼。

通常情況下，在發出最後通牒時，你必須做好將其付諸行動的準備。千萬不可誇大其詞，因為對方很可能會靜觀其變，如果他發現你在最後期限過去之後，仍沒有採取任何實際行動，你的最後通牒就變得毫無意義。

理解了最後通牒的弱點之後，你就可以很容易的找出應對最後通牒的方法：靜觀其變。當然，除此之外，你還有一些其他選擇。通常情況下，如果有人向你發來了最後通牒，你一般有四種可以選擇的應對方式，具體如下。

1 立刻驗證

對方向你下達了必須在第二天中午之前，將貨物送到指定地點的最後通牒時，你不妨先反問對方，是否可以在中午之前先發去部分貨物，隨後再發去剩餘貨物。

2 拒絕接受

當你接到對方的最後通牒時，可以告訴對方，你目前也無法確定能否在最後期限之前達到對方的要求，但你可以向對方保證你會竭盡全力配合對方的工作。

3 拖延時間

當一方向另一方發出最後通牒時，時間往往就成了最為重要的因素。對方通常只是在迫不得已時才會兌現自己的威脅，所以你給對方的喘息時間越長，他們就越不會兌現自己的威脅。

4 蒙混過關

如果操作得當，蒙混過關通常是最佳的選擇，因為它不僅能夠獲得立竿見影的效果，而且還可以讓對方知道，用這種辦法對付你根本行不通。

然而做這樣的事情會需要相當大的勇氣，而且一定要精心準備。你首先應該盡力搜集所有相關的資訊，一定要隨時追蹤事態的最新進展。例如，雙方簽訂合約之後，對方是否又聯絡了新的供應商？新的供應商是否能夠按時送貨，並且收費更低？在你提交報價之後，你的競爭對手是否又提交了更低的報價？如果所有這些因素都沒有發生任何變化，你不妨考慮嘗試蒙混過關。

當然，你的主要目的是確認對方的計畫，弄清楚他們是會繼續與你保持業務關係，還是只是在用最後通牒的方式趕你出局。

對結果欣然接受，並祝福對方

談判成功的真正意義在於探知對方真正需求的是什麼，對於談判者來說，需要合適的商品價格是一方面；另一方面，還有一些人並非真的想要而買，除了物質的東西以外，談判過程也不能被忽略。所以在談判過程中，透過適當的自我調整，你可以讓對方感覺贏得了談判，但同時又不需要犧牲你自己的利益。

一、對談判結果欣然接受

其實每一個談判者都對自己的談判能力十分自負。尤其是當你的對手也接受過專業的談判訓練時，欣然接受談判的結果就顯得尤為重要。這樣一來，雙方就可以很快達成共識，整個談判的形勢也都會向著有利於你的方向發展。遇到這種對手時，真正的關鍵可能並不在於價格或付款日期，而是取決於對方的自我意識。

有時談判者需要負責向對方介紹自己公司的產品，並將其推銷給對方。在這種情況下，如果對方並沒有談到自己當初預期的價格，他就很難會接受你提出的價格。

因為單方面的價格談判，會讓人有一種輸掉談判的感覺。即使是對方知道你的建議非常公平，而且也能夠符合他的要求，他仍然會拒絕你提出的條件。

所以，當談判者遇到這種情況時，你一定要找到一種適當的方式來滿足對方的自我意識，讓他產生一種良好的自我感覺。這時候最合適的策略就是對談判的結果欣然接受。

談判高手知道，要想做到這一點，最好的方式就是在最後一刻做出一些小小的讓步。讓步的幅度可以極其渺小，但這沒關係，因為真正重要的不是你讓步的幅度，而是讓步的時機。

例如，你可以在談判中告訴對方，自己雖然不能將產品的價格進行下調，但卻可以在其他方面滿足於對方，如產品的服務、售後等方面，或是贈送一些小的優惠條件。這樣對方並不會感覺自己輸掉了談判，他感覺自己只是與你交換了一下條件而已。這也是為什麼在談判時不要一開口就給出最低價的原因之一。

真正重要的是讓步的時機，而不是幅度。你的讓步可以很小很小，但效果卻非常明顯。透過使用欣然接受策略，談判高手不僅可以讓對方接受自己的條件，而且還會讓對方在接受時感到非常開心。

二、一定要在談判結束後祝福對手

談判結束後，一定要記得真誠的祝賀對方，不要因為對方的談判技巧糟糕而洋洋得意。要知道：賞識也是一種力量，特別是對初出茅廬的談判者來說。你可以告訴對方：你們表現得棒極了，我從你們那裡學到了許多知識。

可能有人會問道：既然對方沒有贏，為什麼還要祝賀他呢？讓他們感覺贏了談判真的那麼重要嗎？

我在談判心理學的研究中發現，每個人參與談判的過程就是自我滿足的過程。從心理學角度看，人的需求是多方面的，而我們在談判中得到的，不論是商品、權利或是某項服務，都只能滿足我們的部分需求，不可能完全滿足我們的需求。所以談判結束，不論對方表現如何，都要祝賀對方，讓他有一種滿足感。

成功的談判，意味著在你的需求得到滿足的同時，使對方的需求也得到滿足，同時你的信念和價值觀沒有任何改變。

要謹記，永遠不要幸災樂禍。尤其是在談判結束時，如果你在你的對手面前誇誇其談，表現得幸災樂禍的樣子，對方就會在心理對你產生反感。

有時談判者會遇到這樣的情形。在一般的生意交往中，你很少會在談判結束之後嘲笑對方。可當你和談判對手是很好的朋友時，你可能會口不擇言。然而當你在談判桌前對你的老朋友進行調侃時，就會讓你們之間的關係產生極大的裂痕。

所以說當談判結束之後，一定要記得恭喜對方。無論你覺得對手表現得有多麼差勁，一定要恭喜他。這樣一來，不但讓你的對手得到了滿足感，對你十分感激，還會對雙方今後的合作創造出良好的基礎。何樂而不為呢？

第六章　如何獲得對方的信任和好感

心理學研究發現，一個人的態度會對他的行為產生指導性的作用，談判雙方在談判過程中一定會表現出各自不同的態度，這些態度對於談判是否成功具有重要的作用。因此，在談判過程中，為了能夠得到一個滿意的結果，我們就必須要獲得對方的信任和好感。

表達誠意，開誠布公，以消除戒備

曾經有人做過這樣一個心理測驗，他列舉出上百個描繪人的個性品質的詞語，然後讓人們說出他們喜歡的那些個性品質的詞語，並說明喜歡的程度。結果排在前八位的人們最喜歡的詞語分別是：真誠、誠實、理解、忠誠、真實、信得過、理智、可靠。其中竟然有一半的詞語都與真誠有關。而在人們最不喜歡的詞語中，虛偽居於首位。

由此可見，人們都喜歡把真誠作為與人交往的基礎。

那麼，我們回過頭來再看談判。在歷史上，談判曾經被作為一種政治手段而使用，它是以非暴力的手段戰勝對方的一種形式。而今天，談判已經成為人際溝通的重要手段之一。談判的成敗，更多的不是取決於談判者的智慧和計策，而是在於是否具有談判的誠意。即使是一項很容易達成的協議，如果缺少了誠意，也可能失敗。

一、表達誠意的技巧

了解了誠意對談判的重要性，如果我們能夠在談判中做到讓對手信任自己，無疑會使談判進行得更加順利。但在對方對自己不大了解的情況下，好的談判者會利用各種機會，建立與對手的信任關係，獲得和加強對手信任。

其主要手段如下。

（一）形象

無言的溝通。這一問題前面我們已經學習過，一句話，人們習慣以貌取人，談判者要注意根據自己的身分來選擇衣著。

（二）運用事實

在談判中，我們往往不信華麗的言辭，而注意事實情況。因為提出事實，是在溝通中獲得信任的好辦法。

（三）利用專家

相信名人、權威的意見，是一種常見的社會現象。人們容易被專家的頭銜征服，因而變得缺乏自信，不敢輕易發表自己的意見，不敢對專家的意見提出異議。在談判中，多引用權威人物和權威機構的看法，會大大增強說服對方的機率。如果能請到專家參與談判，那效果會更好。

（四）承諾

在現代商業社會中的承諾，就相當於古代的軍令狀，就是一個談判者以「軍令狀」獲得對手信任的方法。如果實現不了自己的承諾，將產生對自己不利的結果，因此對手容易相信軍令狀式的承諾。

(五) 數字

所謂精確數字，就是在談判時引用精確的數字來爭取對手信任的方法。把自己的意見，透過精確的數字來表達，能表現自己的記憶力，使對手感到自己精通，從而使對方產生信任感。

(六) 互換

溝通中的誤解，可以透過角色互換得以消除。這樣做的同時，談判者更充分的理解對方的立場，也許會逐漸的接受對方正當的要求，同時發現與對方立場相容的方式。

總的來說，以上的方式是一種減少談判中產生誤解的有效方式。我們都知道，談判不僅僅是一種競爭，更重要的是一種合作的行為。因此，合作在談判中尤其重要，若合作，則必須以誠相待，減少誤解。

二、如何消除對手戒備

要想在談判中消除對方的戒備心理，避免在談判中出現尷尬情形，最關鍵的一點就是在談判中以誠相待。

以誠相待的原則首先展現在真誠的關心對方。

在我多年從事心理學的研究中得出結論：人最關心的是自己，而且希望他人也關心自己，就好比他拿起一張有他在內的團體照片，他首先看到的是自己。他聽你說話也一樣，首先也希望在你的談話中能找到他，並會以你關心他的程度來決定他關心你的程度。

根據這個道理，我們可以在談判的開始先拿出一定的時間，以寒暄、問候的形式真心實意的表達你對對方的關心是十分必要的。這樣，可以使談判在一種相互關心、誠摯友好的氣氛中進行。從你的關心中，對方感到他是在與一個富有同情心和愛心的人打交道，他不必擔心自己會受到欺騙和不公正的待遇，從而消除戒備之心，積極與你合作。

關心對方還展現在真誠的關心對方的利益。

前面我曾經說過，談判不是角鬥。在角鬥中，非贏即輸，為了獲勝，當然不必關心對方的失敗。談判的宗旨是要雙方都獲益，從關心對方利益的角度提出問題，使對方認知到接受你的提議會使自己受益，他才會接受你的方案。如果你只顧講自己的利益，要求對方處處為你著想，你就很難說服他。

所以在談判中，我們一定要做到以下幾點。

(一)要冷靜的回答對方

不論對方何時提出何種反對意見，都要鎮定自如、輕鬆愉快的解答，並且要條理清楚、有根有據，不可感情用事或帶有憤怒、責備的口吻。否則，既難以說服，也難以闡述自己的觀點，從而破壞融洽的談判氣氛。

(二)不要直截了當的反駁對方

因為直接反駁會使對方難堪，永遠不可能說服對方，所以一般應設法用一些間接的方式來反駁對方的反對意見。

(三) 要重視、尊重對方的觀點

對於對方的反對意見，即使你認為它是錯誤的，也不應該輕視或給予嘲弄，而要持認真態度，予以慎重對待。只有使對方感到你在尊重他的意見時，說服才會有力、有效。

(四) 要設身處地的體諒、理解對方

對方有許多反對意見，哪怕是非正常的、不合理的反對意見的提出，往往都有一定的原因和背景或反映了對方的難處。對此，談判者要以大局為重，體諒和理解對方。尤其是在次要問題上，不妨以同意對方看法為主，加以解釋和補充。不體諒對方，置對方於死地而後快的做法，在說服中是不可取的。

(五) 不要隨心所欲的提出個人的看法

談判者之間洽談不是個人之間的事情，而是組織或法人之間的事。因此，在洽談中，如果對方不需要你說明個人看法，或沒有把你當作參謀和行家來徵求你的意見時，應避免提出個人的看法和意見，隨心所欲的提出個人的看法是一種不嚴肅、不負責任的做法。

(六) 答覆問題要簡明扼要、緊扣談判主題

如果回答問題長篇大論，不得要領，偏離主題，不僅沒有說服力，而且可能出現漏洞，授人以柄，引起對方的反感和反駁。

(七) 不要過多的糾纏某一問題

在洽談中，不應過多的集中討論某一反對意見，尤其是一開始遇到的一些棘手的問題。在適當的時候可以變換一下洽談的內容，以使談判繼續下去。在處理了反對意見以後，應立即把話題岔開，討論其他議題，爭取盡快促成交易，否則就會使對方提出更多的意見，陷入新的僵局。

其實從談判心理的角度分析，在談判中，談判者為了雙方的利益，應該樂於向對方提供有關談判的資訊和自己一方的情況。如果總是懷揣著「祕密武器」，封鎖自己方面的情報，卻要求對方為你提供情況，以謀取個人私利，是不會促進雙方積極合作的。

這就要求談判者在談判中態度要誠懇而坦率，並適當的流露出自己的感情、希望和擔心，公開自己的立場和目標。這樣一來就會增加談判的透明度，消除對方的戒備之心。

而且談判者越是坦率，越可能逐步引導對方採取同樣的態度。談判者的智慧、技巧固然重要，但它取代不了談判者態度的誠懇，一項缺少誠意的談判，即使成功了，從價值判斷的角度來看，它只是一項沒有價值的交易。

最高明的談判者所追求的談判結果是雙贏，以誠相待，開誠布公是獲得雙贏的基礎。

不要過於強勢

為了實現各自的談判目的，有的談判者善於硬拚搶攻，用盡渾身解數，其實在多數情況下，過於強勢的手段反而會造成負面的結果。

如果在談判中過於強勢，不僅不能使雙方達成一致意見，反而會影響雙方的人際關係，損傷和氣。另外一種談判者，他們既不向對方過分顯示自己的勢力和吸引力，也不採用硬拚強攻之術，而是心平氣和的把問題和困難陳述出來，促使雙方提出解決問題和困難的辦法，而不是自己提出解決的辦法。

這種策略和技巧的巧妙之處在於，談判者提出的這些問題和困難以及解決問題的辦法，猶如精心編製的一張羅網，或者一口陷阱，設置在那裡讓對方自己鑽進去。對方提出的解決問題的辦法，正是自己所希望的結果。這就是談判中的巧設陷阱法。

當今的社會充滿了激烈的競爭，多數的談判者對於自己談判策略總是保持著一種強勢的風格，不僅不給對方留有餘地，反而用不斷強硬的手段蠶食對方的利益。其實這種談判風格給人的印象是不能以誠相見，不僅不能達到迫使對手屈從的目的，反而往往引起對方的反感甚至產生牴觸情緒。這樣一來，就會在很大程度上阻礙雙方真實資訊的交流，和進一步合作的可能性，有時候還會對談判氣氛造成不利局面。

所以談判者要謹記這個道理，談判的雙方要處於公平或相對公平的立場之上，一方盛氣凌人，將自己的觀點強加於人的不叫談判，那是命令。一場成功的談判，在某種意義上說雙方都是勝者。

這裡有一個典型的因為態度強硬而造成談判失敗的案例：

美國的電子機械製造商（假設是華格納公司），向臺灣的中小企業（假設是三友公司）提議雙方共同研究半導體。

雖然三友公司規模不大，僅有兩百名員工，但是它在這項專業領域中卻開發出世界上最先進的技術。華格納公司亟欲得到這項技術，便以典型的美式做法向三友公司提出技術合作的要求。

華格納公司的高階主管鼓起三寸不爛之舌，向三友公司的董事長遊說這項研究的發展前景。

三友公司董事長考慮周詳，一來擔心技術合作會消減自己技術開發的獨立精神，而造成依賴華格納公司的局面；二來憂慮將來若是達到生產的階段，勢必得由資金雄厚的華格納公司來發號施令。

除此以外，三友公司董事長也慎重考慮到是否有技術合作的必要性。

雙方談判了將近十個月，彼此互訪對方的總公司，但是三友公司董事長仍然猶豫不決，而華格納公司卻在此時犯下致命性錯誤。

華格納公司的副總裁是畢業於哥倫比亞大學的優秀人才，對於談判的遲遲未獲進展，感到焦躁不滿。

「事實上，本公司擁有足夠買下三友公司的雄厚財力。」

他在會議上說出這句帶威脅性質的話，實在不夠高明。因為三友公司董事長一手創建這家公司，發明了數百種產品，不但以此為榮，更具有一份濃厚的感情，他聽到這句話之後便不再遲疑。

「很遺憾，我決定不與貴公司技術合作。」

以金錢利誘不遂，便企圖採用威脅手段，卻不幸招到反效果。

三友公司董事長認為美國人做事魯莽蠻橫，沒有一點風度，實在不能作為長期技術合作的夥伴。

實際上，三友公司董事長若是能夠對美國式談判法多了解一點，或許會產生不同的想法，他對於美國式作風多少有些誤解和偏見。

但是我們也不能否認，華格納公司的做法，的確容易讓三友公司董事長感到不舒服，心中留下芥蒂。

這正是美式強硬談判法的嚴重缺陷，換句話說，強硬談判法成功則已，若不成功的話，必然會造成誤解、偏見、心結的後遺症。

從這裡可以看到，力量薄弱的一方雖然不得不屈服於對方的脅迫，但是心中自然是忿恨難平，甚而伺機報復，對於長期性的合作關係而言，實是一大隱患。而勝利的一方縱然能夠得到眼前的小利益，卻會因而失去更重要的穩定性和安全感。

所以，談判要想達成目的，就必須讓談判雙方心平氣和的坐下來交流與合作，這樣才能達到互惠互利。

總之，在磋商和成交階段，是最需要禮儀保駕護航的階段，如在較量中傷了和氣，傷害了對方的自尊，失禮帶來的損失將是難以彌補的。洽談結束，不論己方收益如何，都應有禮貌的與對方握手、話別。有時即使不歡，也不能無禮而散。

隨著人們之間合作領域的不斷增加，談判事業也在不斷的向前發展，一種以誠相見、開誠布公的談判風格，正在越來越受到談判者的青睞與重視。成功的談判專家，往往將與對方開誠布公作為一種效果非常明顯的談判技巧與方法來使用，這樣反而能夠達到事半功倍的效果，盡快的促成雙方達成一致。

所以說要想自己能夠獲得談判的成功，首先要學會杜絕以下幾種常見的錯誤態度：

(一)談判的目標是獲得「完全勝利」，根本不考慮對方的利益和長遠的發展，誰喜歡只做賠本的買賣呢？

(二)在心理上不信任對方，甚至把對方視為敵人。

(三)在態度方面，採取完全對抗，十分強硬，似乎要將對方置於死地而後快。

這樣一來，在談判桌上，每一位成功的談判者均應做到心平氣和，處變不驚，不急不躁，冷靜處事。既不成心惹談判對手生氣，也不自己找氣來生。在談判中始終保持心平氣和，這些是高明的談判者應保持的風度。

在談判中，強弱本來就是相對而言的，當代表不同利益的雙方在強弱分明的情形下，坐在談判桌兩邊進行談判時，在現實中處於弱勢地位的一方，往往會不由自主的處於一再退讓的被動地位。這種被動局面一旦形成，那最終只能呈現弱勢地位者越來越弱、越妥協越得不到其他利益互補，而強勢地位者則越來越強、得到的利益越多越在其他方面緊緊相逼的兩極分化現象。但是，當處於弱勢地位的一方，感到自己最基本的需求也得不到滿足時，他們往往會結束這樣的談判。

洞悉對手的全部需求

在談判桌上，人們的一切行為都是為了需求。唇槍舌劍、你來我往是為了需求；言辭謙恭、委曲求全是為了需求；笑面迎人、攜手共慶也是為了需求；故布疑陣、暗渡陳倉是為了需求；開誠布公、坦率直敘也是為了需求；義無反顧、據理力爭還是為了需求。

可以說，需求就像是一塊旋轉的魔術方塊，它的每一塊都分別包括談判運作的答案、人們談判的目的、雙方談判的策略、對方所提的條件，還有自己所能接受的條件。

從心理學的角度上看，人的需求在主觀上通常是以願望、欲望、理想、志向、興趣、愛好等形式為人們所體驗的，它是人們從事各項活動的最根本的動力來源。因此，研討談判活動也就離不開對談判活動中的需求理論進行分析。

行為科學曾得出過這樣一個公式：

在客觀條件基本相同和追求一定目標的前提下，人的能力、積極性和工作成績這三者之間存在著如下關係：工作成績＝能力×積極性。所謂積極性，正是與人的需求強度有關。

我們把上述行為科學的公式轉換到談判領域中，就可以表述為這樣一種關係：談判成果＝能力×需求性。

很顯然，在談判的實踐活動中，人的相關能力一般很難在短時間內發生較大變化，它需要一個長期實踐經驗累積的過程。而評判、了解乃至調動雙方有關需求性的層次與強度，卻會及時、有效、直接的影響到談判成果。

掌握需求理論能使談判當事人知己知彼，找出與對方相關聯的需求，懂得如何選擇不同的方法去對應和運用，以便選擇最佳的談判方法。

那麼，如何將需求理論運用到談判中呢？

首先我們要知道，滿足談判者的各種基本需求，是達到自我實現的較高需求的前提。

在談判的各個階段，應讓談判者相互間關係輕鬆、融洽而不感到拘束，建立一種良好的商談氣氛。例如，在物質需求上安排好住宿、飲食，包括點心、茶水、娛樂等，創造一個使雙方有安全感的環境來滿足談判者的最基本需求。在談判過程的協商統一意見階段，更要增加社交活動來滿足談判者個人的需求。

然而，自尊需求的滿足，主要依賴於談判者內心深處對自己的成就所做的評價。如果談判者對自己的成就是滿意的，即滿足了他對自尊的需求，這時候，他就會要求「達成協議」，談判雙方的需求層次就會達到較高層次，並且有希望達成雙方滿意的協議。

還有，滿足談判者對尊重的需求，可以使談判者達到在利他過程中實現利己。從心理學角度分析，當談判者非常注重自身利益時，他會認為對方對他的尊重程度取決於他贏得了多大的成果，同樣與他能否達到談判目標息息相關。

由此可見，談判者所追求的是想方設法獲得自己的利益。遇到這種情況，我們就可以在談判初期想辦法滿足他的前五層次需求，並在利他過程中實現利己，使談判獲得成功。

如果我們已經了解到對手的需求，我們便可以運用需求理論選擇有益於談判的策略。需求理論應用於談判實踐，最主要就是用來選擇一定的談判策略或方法。在我看來，依照控制談判的力量大小不同進行排列，可以劃分出以下六種基本的談判策略或方法。

（一）談判者順從對方的需求

談判者在談判中站在對方的立場上，順應對方的需求，從而使談判獲得成功。這種談判最容易取得成果，當然，這種順從策略是建立在不損害自身利益的基礎上的。

（二）談判者使對方服從其自身的需求

這是一種定向誘導的談判策略。商店的銷售人員與顧客之間的「談判」普遍使用這種方法，銷售人員表面上用種種熱情的方法滿足顧客的需求，實際上是為了推銷商品，從而實現自身的利益。

(三)談判者同時服從對方和自己的需求

這是指談判雙方從共同利益出發，為滿足雙方每一方面的共同需求進行的談判，採取符合雙方利益的策略。這種策略在談判中被普遍用於建立各種聯盟，或擴大生產規模、降低生產成本、固定產品價格等。

(四)談判者違背自己的需求

這是談判者為了爭取長遠利益的需求，拋棄某些眼前或無關緊要的利益和需求的談判策略。

(五)談判者不顧對方的需求

這是一個強硬的談判策略，即談判者只顧自己的利益，完全忽視或者不顧對方的需求而實施「魚死網破」的手法。採用這種策略的一方往往依仗於自身的強者地位，以強凌弱。而這不僅容易導致激烈的你死我活的抗爭，最終使談判出現僵持或破裂，而且違背了談判雙方對等與互惠互利的原則。

(六)談判者不顧對方和自己的需求

這主要是談判者為了達到某種特定的預期目的，完全不顧雙方的需求與利益，實施一種雙方「自殺」型的談判方法。

上述這六種不同類型的談判策略，當人們運用它們去實現某種目的時，談判的控制力量從第一種到第六種依次逐漸減弱，而談判桌上的危機則逐漸加重。在掌握與運用需求理論與談判策略的關係上，首先我們確實要規範的認知人們的本能化需求及其轉換關係，要了解人的各種不同需求在時間上是繼起的，在空間上是並存的，在現實上是可交換的。

總而言之，需求理論與談判策略之間有著多重的關聯。熟練的掌握相關的理論，並有效的運用到談判的實踐活動中去，這對於提高談判能力、增強談判效果，無疑是十分重要的。

建立有效的客觀標準

當我們發現，在談判中的利益衝突已經不能採取其他方式協調時，客觀標準的使用將會對談判產生非常重要的作用。

在談判的過程中，你可能已經充分理解了對方的利益所在，並且絞盡腦汁為雙方尋求各種互利的解決方案，也非常重視與對方發展關係。然而，你還是遇到了一個令人棘手的利益衝突問題——雙方就某一個利益問題爭執不下，互不讓步，即使強調「雙贏」也無濟於事。就好像房東與房客之間的房租問題，還有在國際貿易中的交貨期長短問題等。

在上述情況下，談判者多數會採取立場式談判方法。這時，談判就會出現這樣的可能：一方如果極力堅持自己的立場，那麼另一方就不得不做出一定的讓步來達成協議。

為什麼會出現這種情況呢？因為所謂的立場式談判，雙方的假設前提是談判雙方非贏即輸，而且談判協議的達成，完全取決於願意達成協議的意願，不考慮其他的因素，只考慮單一價格因素。

如此這般發展，談判就演變成一場意願的較量，看誰最固執或誰最慷慨。談判的內容就集中在看誰更加願意達成協議。許多情況下，談判會陷入一場持久的僵局中，其結果不利於雙方以後的進一步合作。

下面是談判一個固定價格的土建專案的例子：

在一場談判中，業主與承包商就地基問題各執己見：承包商認為地基五公尺就足夠了，而業主認為至少六公尺。承包商說：「用鋼筋結構來做房頂，地基沒有必要做那麼深。」業主不肯讓步。

那麼如何才能保證房屋堅固呢？業主可以用一系列客觀的安全標準來進行討價還價：「我所堅持的是地基要堅實牢固，深度要足以使房子安全。政府對此類土地的地基是否有安全標準？這一地區的其他建築物的地基深度如何？這一地區的地震風險有多大？」遵循一些客觀的標準來解決這一地基問題，很可能就是談判的出路。

從實踐來看，此種方式的談判非常有效，它可以不傷和氣的快速獲得談判成果。但是，有一點談判人員一定要掌握，那就是談判遵循客觀標準的基本原則，應該是公平有效的原則、科學性原則和先例原則。

在談判中，談判者要想有效的運用客觀標準，就應注意以下幾個問題。

(一) 盡量發掘可作為協議基礎的客觀標準

一般來說，談判中遵循的客觀標準往往不只一種。例如，市場價、先例、科學的判斷、行業標準、效率、成本、道德標準、同等待遇、互惠原則等。發掘越多，越有可能擇取好的標準並幫助達成公平協議。

(二) 接受對方合理正當的客觀依據

一定要用嚴密的邏輯推理來說服對方，對方認為公平的標準，對你來說必須也是公平的。運用你所同意的對方標準來限制對方信口開河，甚至於兩個不同的標準也可以謀求折中。

(三) 讓雙方認同同一標準

所引用的客觀標準至少在理論上能使雙方都感到合適，而且要獨立於雙方的意志之外，否則也會使人感到不公平。

(四) 始終保持冷靜的理性態度

談判的實際情況可能是複雜多變的，對手可能只從自己的利益出發提出某種標準，甚至於將它發展成不可讓步的原則立場。

這時作為談判者一定要保持冷靜：首先，客觀標準本身有多元性，你不一定非採納不可，別的更為公平的標準也是可能存在的，應該透過比較來進行取捨；其次，如果幾個客觀標準都必不可少，是否可以考慮折中的方式以打破僵局。

(五)不要屈從對方的壓力

來自談判對手的壓力可以是多方面的，賄賂、威脅、擺老資格、以人格擔保、拒不讓步等。堅持客觀標準就意味著絕不屈從壓力，無論對方如何千變萬化，回答都一樣：請說明理由，明確雙方認可的標準。

除非對方真的不讓步，否則，只要還能談下去，你就能獲得優勢，因為你的力量在於堅強的意志、合理合法的態度和希望公平解決問題的良好意願。

善於觀察、得體稱讚

說到什麼是得體的稱讚，你必須要弄明白一個道理。在絕大多數情況下，稱讚的話是說給別人聽的，說不說由你做主，有沒有用由別人決定。沒用的稱讚沒必要說，說了也白說，很簡單，那是廢話。所以，要讓說出來的東西有用，至少不至於成為廢話，你需要學會對你的對手進行仔細觀察。

美國一家電氣公司的推銷員韋普先生去賓夕法尼亞州推銷用電。他看到一所富有的整潔農舍，便前去叩門。敲門聲過後，門打開了一條小縫，屋主布拉德老太太從門內向外探出頭來，問來客有什麼事情。當得知韋普先生是電氣公司的代表後，砰的一聲把門關上了。

韋普先生只好再次敲門。敲了很久，布拉德老太太才將門又打開了，僅僅是勉強開了一條小縫，而且還沒等韋普先生說話，就毫不客氣的破口大罵。怎麼辦呢？

韋普先生並不氣餒。他決心換個方法，碰碰運氣。他改變口氣說：「很對不起，打擾您了。我訪問您並非是為了電氣公司的事，只是向您買一點雞蛋。」聽到這句話，老太太的態度稍微溫和了一些，門也開大了一點。韋普先生接著說：「您家的雞長得真好，看牠們的羽毛長得多漂亮，這些雞大概是多明尼克品種吧？能不能賣給我一些雞蛋？」這時，門開得更大了。老太太問韋普：「你怎麼知道這些雞是多明尼克品種呢？」

韋普先生知道自己的話打動了老太太，便接著說：「我家也養一些雞，可是，像您所養的那麼好的雞，我還沒見過呢。而且，我養的來亨雞只會生白蛋。夫人，您知道吧，做蛋糕時，用黃褐色的蛋比白色的蛋好。我太太今天要做蛋糕，所以特意跑來您這裡了……」老太太一聽這話，頓時高興起來，由屋裡跑到門廊來。韋普則利用這短暫的時間，瞄一下四周的環境，發現他們擁有整套的養雞設備，便接著說：「夫人，我敢打賭，您養雞賺的錢一定比您先生養乳牛賺的錢還要多。」這句話說得老太太心花怒放，因為長期以來，她丈夫雖不承認這件事，而她總想把自己得意的事告訴別人。

於是，她把韋普先生當作知己，帶他參觀雞舍。在參觀時，韋普先生不時對所見之物發出由衷的讚美。他們還交流養雞方面的知識和經驗。

就這樣，他們彼此變得很親近，幾乎無話不談。最後，布拉德太太在韋普的讚美聲中，向他請教用電有何好處。韋普先生實事求是的向她介紹了用電的優越性。兩個星期後，韋普收到了老太太交來的用電申請書。

後來，便源源不斷的收到這個村子的用電訂單。

在這裡，韋普先生非常巧妙的說服了老太太用電。它給我們什麼啟示呢？至少有如下四點：

(一)作為一個經濟談判人員和經銷人員，知識面一定要寬。試想，如果韋普先生不懂養雞技術，他就不可能和老太太談得很投機。

(二)頭腦要靈活，應變能力要強。當老太太不願接待韋普先生時，他馬上找到藉口，說老太太的雞蛋好，以購買老太太的雞蛋製作蛋糕為由接近老太太。

(三)善於觀察。韋普先生從門縫裡看到老太太家養的雞，看到她家有整套的養雞設備，便馬上找到話題，借題發揮。這也是韋普先生得以制勝的重要一招。

(四)稱讚老太太，滿足她的自尊心。這是獲勝的最重要的一招。一般來說，人們都有一種自尊傾向，渴望得到人們的肯定和稱讚。當一個人受到真誠的稱讚時，就會產生親和力，對你產生好感，並樂意接受你的請求，滿足你的需求。韋普先生恰恰利用了這一點，他極力稱讚老太太養的雞好，羽毛長得漂亮，並說老太太賺的錢一定比她先生養牛賺的錢多，從而極大的滿足了老太太的自尊心，博得了老太太的好感，為他的成功奠定了基礎。

觀察對方為談判的首要步驟。參與談判的雙方通常是在談判桌上首次見面，而這第一回合的正式接觸，則是一次觀察對方的良機。因此，必須留意對方的表情、動作，找出他的特殊習性，以迅速獲得正確的資料，如此才能決定該採取什麼樣的談判戰術和技巧。

從與談判對手有所接觸的人身上獲得資料，對於「熟識敵情」非常重要。如果這個第三者與談判對手有深交，他所提供的資料尤其具有參考價值，但這也可能是一個陷阱。

在談判前，對於談判對手的訪談錄、演講稿及其他相關資料，必須詳細研究。訪談記錄和演講稿所傳達的資訊比較直接，更應該多加重視。如當你代表員工，將要與公司方面就有關重新制定薪資問題進行談判時，在搜集資料的過程中，發現了該公司董事長在以前的會議中，曾說了這麼一段話：「我從未受過正規的教育，能有今天，完全是我多年來不斷奮鬥，不向困難低頭的結果。如今公司的經營已經上了軌道，在同行中也占一席之地，我感到由衷的高興。」

如何把這段話運用到談判之中呢？公司的營運狀況以及在同行中的地位，可以從企管雜誌或有關報導中得知。但是，董事長個人的身世背景及其經營理念，就只能「道聽途說」了，有時這對談判的結果具有極大的影響。不過，現在你已經掌握住了相當重要的一點——「我從未受過正規的教育」。

凡值得稱讚的，一定要多稱讚客戶及其有關的一切事物。可以以詢問的方式開始，「您知道目前最熱門、最新型的暢銷商品是什麼嗎？」以肯定客戶的地位及對社會的貢獻為開始；以格言、諺語或有名的廣告詞為開始；以謙和請教的方式開始。

真心誠意的恭敬語才有情感，有情感才有力量，沒有情感是不會成為一流的談判專家的；牢記對方的姓名，並稱讚其姓名的特殊優點，經過細心觀察後的恰切的讚美，是能獲得對方好感的。

觀察對手的表情

古人們都非常推崇察言觀色的本領。而現今，隨著心理學理論的不斷完善，人們認知程度的不斷提高，察言觀色已經成為了許多人信奉和推崇的一種極其重要的職場能力。

在心理學的研究中，把察覺並區分他人的情緒、意向、動機及感覺的能力（包括對他人臉部表情、聲音、動作的敏感性，辨別不同人際關係的暗示，以及對這些暗示做出適當反應的能力）稱作「人際智慧」。

而缺乏「人際智慧」的人，則很難與他人進行有效的溝通，也很難在社會實踐中獲得成功。經心理學專家研究發現，人們在溝通時，有百分之七的效果來自於說話的內容，百分之三十八取決於聲音（音量、音調、韻腳等），而有百分之五十五取決於肢體語言（面部表情、身體姿勢等）。

因而，在解讀他人心意時，重要的不只是聽他說了些什麼，更要緊的是看他怎麼說。可見，由於人們之間超過百分之五十以上的交流都是透過非語言方式完成的，所以說話不僅要用嘴巴，更要用眼睛。

在現實生活中我們不難發現，推銷自己，影響別人，讓別人聽我們的「話」，不是簡單的仗義直言就能夠辦得到的。人際溝通中，對他人的言語、表情、手勢、動作，以及看似不經意的行為進行較為敏銳細膩的觀察，往往能夠使我們與他人的交流更加容易，獲得意想不到的效果。

當然，觀察對手的表情，也是要有重點的，除了對方的喜怒哀樂外，對眼睛的觀察最為重要。

醫學上認為，眼睛在人的五種感覺器官中是最敏銳的，大概占感覺領域的百分之七十以上，因此，被稱為「五官之王」。

古代的著名思想家孟子曾經說過：「存乎人者，莫良於眸子。眸子不能掩其惡。胸中正，則眸子瞭焉；胸中不正，則眸子眊焉。」可見眼睛裡流露出真心是理所當然的，畢竟眼睛是心靈的窗口。

從心理學上分析認為，深層心理中的欲望和感情，首先反映在視線上，視線的移動、方向、集中程度等都表達不同的心理狀態。觀察視線的變化有助於人與人之間的交流。爬上窗臺就不難看清屋中的情形，讀懂人的眼色便可知曉人們的內心狀況。

一位老練的汽車推銷員每週能賣掉兩輛汽車，其他同行都不知道他成功的經驗是什麼，當有人問他時，他說「其實很簡單，我只不過能夠得到更多的資訊而已。」

但是周圍的同事們卻發現，這位汽車推銷員和顧客進行的語言交流並不比他們多，甚至大多數時候，他只是和顧客說一兩句話就去做別的事情了，那麼他是如何得到更多資訊的？讓我們看看他的做法吧。

在賣汽車的交易中，對於推銷員來說，最大的難題恐怕就是對待那些口口聲聲說「隨便逛逛」的顧客了，因為這類顧客實際上最為精明，他們是在尋找最合適的便宜貨，當推銷員把價格告訴他們的時候，他們往往會不做任何表示，然後再到其他的汽車交易商那裡繼續「隨便逛逛」。

而這位老練的汽車推銷員遇到這種類型的顧客時，他絕不會輕易的把價格告訴對方，當然他也不會拒絕顧客的問價。他會迅速掏出自己的名片，寫上顧客的姓名，並在名片的背面寫上一個不可對顧客透露的數字，然後他把這個名片別在辦公室的牆上，對顧客說：「這就是你可能找到的最合適的價錢了。」他勸告顧客可以去和別的經銷商談談，談完以後再回來看看，他寫在名片上的價格到底是多少。

等他做完所有的這些事情之後，他就會應付下一位顧客了，而且通常過不了多久，那位名片上的顧客就會主動回來找他，因為顧客們都對名片另一面的價格心懷好奇。

當然，寫在名片上的數字不一定是最合適的價錢，每當顧客做出這樣的表示時，這名推銷員就會透過他們跟自己說話的聲調、走路或握手的動作，以及面部表情等非語言行為，觀察他們的真實態度，這就是所謂的察言觀色。

然後他再假裝不經意的問顧客：「那麼，旁邊那家汽車經銷商和您談的條件如何？」大多數的顧客都會把真實的情況告訴他，即使他們不告訴他真實的情況，推銷員也知道其他競爭對手的汽車銷售價格，他這麼問的目的只不過是想了解一下顧客期望的價格程度。

經過一番察言觀色和共同交流，這位推銷員通常就會掌握一些非常重要的資訊：第一，這位顧客是否正在考慮購買他的汽車；第二，顧客對競爭對手的價格也很清楚；第三，這位顧客期望的價格程度或額外服務是什麼樣的。

現在，他就可以選擇做還是不做這筆生意了，而通常的情況都是，他成功做成了生意，而且顧客也覺得購買他的汽車更實惠一些。

透過這個例子我們可以知道，在談判過程中，非語言交流是語言交流之外的雙方互相傳遞資訊和獲取更多資訊的重要途徑，這就需要談判者不但要字斟句酌的和對方進行語言交流，還應該細心冷靜的從對方的行為態度方面，挖掘語言交流背後的資訊。

人們的不同行為和表情所展現的內容也各不同。根據一些心理學家和談判專家的總結分析，我們可以發現人們通常的行為表情所蘊含的內容：

（一）如果對方眼神沉靜，則說明他對於你著急的問題，早已成竹在胸，穩操勝算。只須向他請示辦法，表示焦慮。如果他不肯明白說，這是因為事關機密，不必多問，只須靜待他的發落便是。

（二）如果對方眼神散亂，便可明白他也是毫無辦法，徒然著急是無用的，向他請示也是無用的。你得平心靜氣，另想應付辦法，不必再多問，這只會增加他六神無主的程度，這時是你顯示本能的機會，快快自己去想辦法吧！

（三）如果對方眼神橫射，彷彿有鬼，便可明白他異常冷淡，如有請求，暫且不必向他陳說，應該從速藉機退出，即使多逗留一下也是不適的，退而研究他對你冷淡的原因，再謀求恢復感情的途徑。

（四）如果對方眼神陰沉，你應該明白這是凶狠的訊號，你與他交涉，須得小心一點。他那一隻毒辣的手，正放在他的背後伺機而出。如果你不是早有準備想和他見個高低，那麼最好從速鳴金收兵。

（五）如果對方眼神流動異於平時，便可明白他是心懷詭計，想給你苦頭嘗嘗。這時應步步為營，不要輕易前進，前後左右都可能是他安排的陷阱，一失足便跌翻在他的手裡。不要相信他的甜言蜜語，這是釣魚的餌，是毒物外的糖衣，要格外小心。

（六）如果對方眼神呆滯，嘴唇泛白，便可明白他對於當前的問題惶恐萬分。儘管口中說不要緊，他雖未絕望，也的確還在想辦法，但卻一點也想不出所以然來。你不必再多問，應該退而考慮應付辦法，如果你已有辦法，應該向他提出，並表示有幾成把握。

（七）如果對方目光似劍，便可明白他此刻是怒火中燒，意氣極盛。如果不打算與他決裂，應該表示可以妥協，速謀轉機。否則，再逼緊一步，勢必引起正面的劇烈衝突了。

當然，我在這裡要說明的是，我所說的察言觀色並不是指阿諛奉承，關注別人的表情也不是要投其所好，要用假話去蒙蔽別人。我贊同察言觀色，提倡與人交流時關注別人的表情，目的是為了使我們在說話的時候能夠盡量選擇別人容易接受的方式，使別人能夠真正聽懂和接受我們所說的東西，增強說話的效果，提高交流的效率。

一眼看穿對手的真實意圖

在談判中，如果我們不能明白對方的真實意圖，就無法掌握主動。

那麼我們如何透過別人的言談舉止，領會對方的真正意圖，看透對方的真實想法呢？至少你要學會一些心理學的技巧，另外，你還必須學會利用你的直覺。你就把自己想像成一個高超的占卜家，去掌握別人的心理。特別是在談判中，如果你不能掌握解讀別人真正意圖的技巧，那麼你就很難說自己是一個具有智慧的談判者。

一、看穿對手從提問開始

要想看穿對手的意圖，談判者往往需要多向對手提問。一個優秀的談判者要學會設計自己所提問的問題。第一步要先把問題分一下順序，然後還需要預估一下你的談判對手可能會怎麼回答你的問題。針對他的回答，你要接下來做好應對的準備。但要注意的是，如果對方會對你的提問給出出乎意料的回答，你最好放棄這樣的提問。

一般在談判中向對手詢問的方式有以下幾種。

(一) 直接問

這種提問方式一般是針對於談判對手對這個問題沒有什麼見解，或者無法拿出方案的時候。

(二) 間接問

如果想要對方表達自己的意見時，最好用間接的提問方式，不過使用間接的提問方式時，對方可能會跑題。

(三) 開放式提問

開放式提問除了獲得資訊外，還有刺激思考、幫助別人做判斷的功能。

(四) 暗示式

暗示形式的提問可以把自己的想法和需要的答案暗示給對方，希望對方能按照自己的思路給予配合。

(五) 模糊式

模糊式的問題就是怎麼回答都有可能。提這種問題的人可能是想魚目混珠，也可能是確實沒有搞清楚。

(六) 誘導式

誘導式的問句就是企圖透過連續的發問，根據發問者的邏輯，引誘對方回答。誘導性的提問是讓對方跟著你走的最高境界。

只要你能根據對方的情況設計自己的提問，你的談判對手真的就像一個透明人一樣站在你的面前，他的每一個舉動對你來說都是意料中的事情。

二、針對談判對手的心理分析

從心理學的角度分析，談判對手在談判桌前的言行是內心活動的一種展現。他們的喜悅、恐懼、擔憂等心理都能夠從一些細微的差別中展現出來，這就需要我們掌握一些基本的心理學原理，以方便從對手的反應中判斷出他的真實意圖。

下面我們將列舉幾個談判中常見的反應，來說明談判對手出現這類反應的原因。

（一）說話模稜兩可的談判對手

一般來說，談判對手說話出現模稜兩可的原因不外乎三種：一是有意掩飾自己的真心。二是對自己的意見沒有信心。三是故意不表明自己的立場，以免捲入某種是非。

其實這種現象在其他行業也十分常見。例如，學者或是評論家在對一些微妙的問題發表意見的時候，雖然會說出一個結論，最後總是再加一句：「但是，也有另一種可能。」或是一些富有經驗的企業主管在開會時，就懂得把這種「兩面性」很技巧的運用在他的話裡，以便事後有個申辯的機會。

這種模稜兩可的話，就精妙在不管事情如何演變，他都可以自圓其說。所以我們在談判之中經常能夠聽到對手所說的內容有濃厚的「兩面性」。這就表示對方為下決定猶豫不已，有意避免造成統一性的印象。

有時從表面上看，談判對手表現出一副意志已定的樣子，其實不然。若想洞悉他的真心，這種「兩面性」的理論，也可以成為有效的利器。

也就是說，當對方只強調事情的一面來下結論，你就要發出強調另一面的質問，藉此套出他的真意。如果他做出的決定站不住腳，只要向他強調「兩面性」，他的結論就會輕易的有了改變的空間。

相反的，如果意志堅定，則任你如何強調「兩面性」，他還是無動於衷，絕對不會改變他的結論。

(二) 總是「面無表情」的談判對手

有的談判對手會在與你初次見面的時候表現出一副「面無表情」的樣子，讓你覺得這個人既難看穿，也難以對付。一般雙方初次見面，該來個社交辭令。不管心裡有何感想，微笑一下總應該的。但就有一見面便「面無表情」，使你無從接近的人。

有此表情的人，你問他什麼，他總是顯得比較遲鈍，臉上也無喜怒哀樂的表情。

到底對你的話有沒有興趣？有沒有困擾？他有什麼感想？想著什麼？一切的一切，他都不會積極的顯現於表情上。

當面對這樣的人時，敬而遠之或者視為無法應付，其實並不是這樣。因為他的「沒有表情」卻恰恰證明了他內心的「表情豐富」。

一個人，如果內心深處有了強烈的不滿，或是有些敵意，而且這些感情又是他不願意別人知道的，為了防止它顯現於外，內心就起了一種抑制作用，使他變得「面無表情」。「面無表情」絕不是由於無可表現而起，而是由於內心有了某些感情——一些不能直率顯現的感情而起。

這麼一分析，你就該了解，「面無表情」的人，事實上，在假面具背後藏了某種不欲人知的心理糾葛。你應該從這個角度去探測他內心的糾葛到底是什麼。

(三) 講話滔滔不絕的談判對手

有的談判對手在初次見面就對著你滔滔不絕，但至少這種人會讓你覺得心情輕鬆。因為你不必為該接什麼話而動腦筋，也無須想盡辦法揣測對方的為人，他自己會源源不斷的提供這方面的資料。

然而，這些善於言談的人是不是在任何場合都會積極的表現自己，那就很難說了。如果細心的話就會發現，這些說起話來滔滔不絕的談判對手，往往在一些話題上表現得有些匆忙，好像並不太願意過多提及這些方面。而且這些人之所以滔滔不絕的向你講話，很可能是為了阻止你說話而已。

所以在我看來，講話滔滔不絕並非雄辯，它往往是隱藏自己的煙幕。

(四) 故作笑容的真意

有時，當你在談判桌前向你的對手闡述你的觀點，而他們只是面帶笑容的坐在那裡，那麼這次談判十有八九是不會成功了。一般發生這樣的事後，對方大都會告訴你他們要回去考慮考慮再給你答案。而事實上他們已經打算放棄這次談判了。

以常理而言，對方一直笑容滿面的聽你的說辭，按說這次談判應該成功在望，而事實上卻成交無望，這是什麼道理？

他之所以滿面笑容，不能斷然認為他對你的話有共鳴，應該認為他是在隱藏某種心理。

人們往往為了掩飾不安，顯現相反的態度。心理學稱之為「反作用行為」，是屬於防衛機能之一。

由此可知，跟你初次見面的人，如果笑容滿面，你就老實的自以為受到歡迎，那可能在一開始就陷入盲點了。

其實不只這幾種情況，還有諸如有些人自恃善於交涉，就到處逞威風，看到對手的舉止不能令自己滿意，就要強迫別人加以改正。但是，對手的態度、舉止如何，會影響到你的利益嗎？我想答案是不會。所以在這種時候，應該選擇如何去做全由你自身而定。

談判的目的，說到底是為了最大限度的實現自己的利益。為了達到這一目的，你要從對手的表現中看穿他們的真實意圖，從而獲得更大的利益。

要成為一名優秀的聆聽者

在我看來，所謂缺乏經驗的談判者，其最大弱點是不能耐心的聽對方發言。他們認為自己的任務就是談自己的情況，說自己想說的話和反駁對方的反對意見。

因此，在談判中，他們總在心裡想他們要說的話，不注意聽對方發言，許多寶貴資訊就這樣失去了。他們錯誤的認為優秀的談判員是因為說得多，才掌握了談判的主動。

一、「聽」對談判的重要性

其實成功的談判員在談判時把百分之五十以上的時間用來聽。他們邊聽、邊想、邊分析，並不斷向對方提出問題，以確保自己完全正確的理解對方。他們仔細聽對方說的每一句話，而不僅是他們認為重要的，或想聽的話，因此而獲得大量寶貴資訊，增加了談判的籌碼。

調查發現，人們喜歡善聽者甚於善說者，這就是為什麼那些耐心傾聽的人更受談判對手重視和歡迎的重要原因。另外，善於傾聽的人還能在談判桌上更充分的了解對方的有關資訊，同時還可以根據這些有用資訊採取最有效的手段，做出最符合對方胃口的妥協，然後再在對方需求得到滿足的基礎上，向對方提出自身利益的實現。

所以我在這裡向各位讀者提幾個建議：

（一）少說多聽。作為業務人員就是要鼓勵你的談判對手多說話，而自己少說或者自己在關鍵時候說。

（二）不要輕易打斷對方。哪怕對方所說的觀點是多麼不符合你的觀念，讓你異常的厭惡，也要讓對方先說完。當然，如果你認為雙方已經沒有談判的必要了，那就可以另當別論了。

（三）不要熱衷於辯論。也許對方的觀點和你的觀點是格格不入，也不要和對方進行辯論。當對方的觀點和你的不同時，不妨如此來表達：有的人是這樣來看待這個問題的（具體陳述），好像跟你的看法有點出入，不知道你是如何看待這種觀點的呢？

（四）不要急於陳述你的觀點。作為一個好的聽眾，你千萬要記住你是來了解情況的，來了解那些很難用語言來描述的一些情況的，所以你的觀點並不重要，關鍵是你如何在了解他的情況後，讓他接受你的觀點。

（五）了解對方的立場和目的之後，不妨重複一遍。很多時候，我們可能是誤會對方的意思了，即使兩個人近在咫尺，也可能有詞不達意的時候，所以把對方的立場和目的複述一遍是相當重要的。

在很多時候，有效的傾聽可以使我們了解進口商的需求，找到解決問題的新辦法，修改我們的報價或議價。「談」是任務，而「聽」則是一種能力，甚至可以說是一種天分。「會聽」是任何一個成功的談判員都必須具備的條件。在談判中，我們要盡量鼓勵對方多說，使對方多談他們的情況，以達到盡量了解對方的目的。

二、如何成為一名優秀的聆聽者

只有優秀的聆聽者才能稱為一名真正的談判高手。因為只有優秀的聆聽者才能在談判的過程中發現對方的真正需求。

那麼，應當如何成為一名優秀的聆聽者呢？我的建議是：

（一）把聆聽當成一種互動過程，提高你的注意力。

你可以在談判中將身體前傾，稍微低一下頭，讓對方看到你在注意聆聽。提出問題，給出反饋，思考對方的話。要把注意力集中到對方所講述的內容，而不是他或她的講話風格上。

要想做到這一點，一個最有效的方式就是找出對方上句話當中最長的那個單字，然後重新複述一遍。因為人們聆聽的速度通常是講述速度的四倍，所以當對方講述時，你一定要替自己找些事情，讓自己的大腦不至於走神。

要想更好的理解對方的談話，不妨從一開始就對雙方的談話進行記錄。掏出一個記事本，在上面寫上日期和話題，然後開始做一些簡單的紀錄。這樣可以幫助你節省大量時間，而且也會讓對方感覺到你非常關心他所講的內容。

除此之外，一旦對方看到你在做紀錄，他們在說話時就會變得更加精確。還有，一定不要輕易打斷別人的談話，更不要在別人還沒有說完時發表評論。因為你一旦開始做出評論，對方就會停止講話。所以一定要保持耐心，等到對方說完之後再發表評論。

（二）**要想提高你的判斷力，不妨讓對方首先告訴你他的結論。**

如果你並不完全同意他的結論，不妨請對方詳細解釋一下。這時候一定要保持一個積極的心態，要告訴自己消除個人偏見，要意識到你的偏見很可能會影響你的反應。如果你知道自己並不喜歡律師，你自然就會在和律師交談時保持戒心，而這種心態又會進一步影響你對對方所傳達資訊的判斷。

也可能你是一個無法容忍別人在你面前吹牛的人。所以無論別人說的話是否正確，一旦你發現對方可能在誇大其詞，你就不自覺的開始抵制對方，這時候一定要留意自己的心態。

透過這種方式，你就可以對別人的談話做出更好的判斷。或者你可以選擇一種分成兩塊的便條紙，然後在左邊寫上對方所談到的事實性資訊，在右邊寫上你對他的談話的判斷。

(三) 透過寒暄展開話題。

一個既高效又實用的寒暄，一般要包括兩個部分：生活細節方面的寒暄和生意方面的寒暄。生活細節方面的寒暄，通常有天氣、時事、對方的家庭情況等。

這些事情的討論往往可以看出你的談判對手都有什麼樣的世界觀，他的性格如何、處理問題的思路如何，都會在這些閒聊中一一找到答案。

如果對方思維比較嚴謹，那麼他必然會從多個角度對事件進行分析，恰巧大家討論的問題他沒有什麼準備的話，他也一定是在仔細思考後才發言；如果對方謹小慎微，那麼他很可能會照顧到大家的想法，跟隨別人的思路而完全沒有了自己的主見。

只要認真的去「聽」，根據「聽」到的內容來分析，你就可以在正式談判前把對手的基本情況摸個八九不離十了。

總之，「聽」在談判的前段是最關鍵的。每一場精彩的談判都是從輕描淡寫的聊天開始的，高明的談判者是絕對不會先直接討論最主要的話題的。

第六章　如何獲得對方的信任和好感

第七章　如何堅定自己的立場，獲得最大利益

很多人都想成為談判高手，但並不是所有的人都適合做談判的工作。只有抱著百折不撓、積極向上的態度，才能撥開雲霧見青天。這就是說，作為一個合格的談判者，就必須做到在任何時候都能堅定自己的立場，以使自己的利益最大化。如果你不能做到這一點，你將可能永遠處於失利和被動的狀態中。

提出談判目標的策略

多數談判在會談開始前就已經決出勝負，這完全取決於談判雙方的談判目標。那些認為不需要事先提出談判目標的人，都會在談判中出現很多差錯。就算他們在談判最後達成了協議，往往也是錯失良機，無法實現共贏。

而如果他們在談判之前將自己的談判目標相互表明，就很有可能水到渠成的促成共贏。其實要想在談判中達成這樣的結果並無其他捷徑可以替代，一般來說，談判越是艱鉅，就越是說明談判雙方對彼此的目標不甚了解。

一、選擇談判目標的因素

要想在談判中掃清障礙達成協議，談判的雙方就必須相互表明各自的談判目標。而這個目標需要包括以下五個至關重要的因素：雙方利益、可行方案、規則標準、替代方案、協議草案。

（一）雙方利益

為了最終達成雙方滿意的協議，需要充分明確雙方的利益。

例如，你在與一位精明而又固執的客戶談判，客戶對先前未曾預料的額外工作根本不予以考慮，堅持要以原先約定的費用簽署協議。此時，你的立場可能是：「我希望能夠增加百分之三十的費用，以展現我們做出的額外努力。」而你希望費用增加的利益可能是在確保客戶滿意的前提下，保證自身合理的利潤空間。

(二) 可行方案

談判者唯一的機會是找到那些能夠實現共贏的選擇方案。高效的談判人員並不僅善於合理分配利益大小既定的蛋糕，而且還會研究如何來做大這塊蛋糕。

談判中常見的一個錯誤是死守一個方案，對自己最初的立場不做絲毫改變。其實，打開思路，充分考慮各式各樣的選擇方案，就能想到許多新的可行方案。或許其中某個方案就能夠在滿足對方利益的同時，也恰好實現了自身的利益。

你可能很難做到讓對方多付給你百分之三十的額外費用，但你完全可以設計一種方案，在確保客戶滿意的前提下，讓自己成功實現這一項目的既定利潤。

(三) 規則標準

成功的談判人員會把方案的選擇變成一種雙方共同尋求公平方案的活動，他們會更多的側重獨立於雙方意志的公平標準來規範各自的行為。因此，談判要事先充分考慮自己樂於接受的談判標準，對市場價格、科學的評判標準、費用分析、技術指標以及慣例等，要做好詳細認真的準備工作。

(四) 替代方案

確定自己的最佳替代方案。制定最佳替代方案時，需要考慮下面三種類型的替代方案：

第一，考慮一下要實現自身利益，單憑自己的力量能夠做到什麼。如果處在購買商的角度，最簡單的選擇就是找到另外一家供應商，反之，如果處在銷售商的角度，就需要找到另外一位顧客。

第二，考慮一下，要讓對方尊重你的利益，需要做哪些工作。

第三，需要仔細思考一下，在目前形勢下，怎樣才能讓第三方加入到談判中來，從而更好的滿足自身利益呢？這種「第三方」式的替代方案，可以透過第三方的調解、仲裁或訴訟等形式來實現。

籌劃、落實自己的最佳替代方案。極為妥當的最佳替代方案通常並不是現成的，要得到適宜的方案，就需要進行仔細籌劃。如果最佳替代方案還不是那麼充實完善，就需要採取改進措施。

(五) 協議草案

要形成有效的協議草案，最好選擇一個能夠滿足自身利益的可行方案，並且要確保這一方案明顯優於自己的最佳替代方案。這一方案同時也應該能夠滿足對方利益，並且一定要優於你的對手的最佳替代方案。

了解了談判目標的制定因素，你可以根據三種情況將你的目標進行設定，也就是談判對手的期望目標、相對滿意目標和勉強接受的目標。

這樣制定出來的目標雖然相對來說比較保守，但可以保證談判者以免出師不利。而且從對手的角度出發來設定談判目標，也意味著這個目標並沒有超出公平標準的界限，沒有突破對方最佳替代方案的底線，從而促使談判達成成果。

二、如何提出談判目標

我們在前面已經制定出一個針對談判對手有效的談判目標，那麼，如何將這一目標傳達給對手，並得到我們想要的結果呢？

要知道談判目的在於解決各自的需求，我們應該在談判的開局就明確的提出這個目標。而選擇提出目標的方式和策略，可以為更好的達成協議奠定基礎。

(一) 坦誠率直　開誠布公策略

坦誠率直的作風歷來被人們所稱道，它可以使人們在相互信任的情況下達成一致。開局目標代表著談判者的談判目標，採取直截了當的方式提出目標是最簡單明瞭的方式，雙方均可避免繞圈子、浪費精力和時間。

但是，如何採取坦誠、直率的方式表達自己的開局目標，需要根據自己的身分、與對方的關係等因素來決定。

(二) 委婉細膩　旁敲側擊策略

實踐證明，談判中最高明的策略莫過於讓對方總是點頭稱好，使雙方在愉快友好的交談中不斷地將談判引向深入。為了做到這一點，雙方都要注意自己講話的用詞和語氣。以協商的語氣和口吻表達自己的開局目標，有時能使對方忘掉彼此的爭執，願意去做你建議他做的事。

直接將目標提到桌上，開誠布公的進行商談是一種可取的談判風格，但旁敲側擊往往會收到意想不到的效果。旁敲側擊一般用於在場外與對方進行溝通。你可以這樣去做：

首先，要禮貌的告訴對手你的公司目前有意擴大某項業務，可現在你肚子痛，要去洗手間。如果他有興趣就一定會尾隨而至。再回到談判桌上的時候，他一定會變成另外一個模樣，即使他表面仍顯得鎮靜，但內心的平衡已經被完全打破了。

其次，以跌價來探測對方反應，或是有意識的放出風聲，看對方會有什麼樣的表示。當你再面對面的向他提出談判目標時，他會順水推舟的與你合作。這就好像是故意遺失某項文件、便條、備忘錄，而有意的讓對方拾取來籠絡對方一樣。

最後，在正式談判前，先交換一下意見，看看能否達成共識。這就為你的正式談判做了一個鋪墊，你張口時就會很省力，而對方要張口回絕也就有些費勁了。提出你的開局目標，既要果斷堅定，又要富有人情味、委婉細膩。

(三) 調查對手興趣　刺激引誘策略

「我的談判對手有什麼特殊偏好嗎？」你在提出開局目標之前，要反覆問自己是否了解這個問題的答案，如果是否定的，那你就要閉緊你的嘴巴，不要先說。調查對手的興趣，並且盡力去滿足他，往往能使對手在不知不覺中落入你的圈套。

一餐可口的食物，一個美好的夜晚，一些有趣的小禮物，這些並不是賄賂，是正當的，可以被理解和接受的。在這種場合下，人往往會比平時更加隨意。談笑風生之時，你動之以情，曉之以理，可以收到意想不到的效果。

(四) 尊賓敬主　協商謙讓策略

無論何時尊賓敬主總是一種受人稱道的美德，人們往往在謙遜的人面前會變得軟弱無力。很多談判專家都能熟練的運用這種策略，他們懂得如何尊重對方，對人非常謙遜。正是運用了這種策略，他們往往能夠在談判桌上獲取更多的利益。

那麼，具體怎樣才能做到這一點呢？

你可以在談判中注意傾聽對方談話，即使內容枯燥也要保持耐心。還有，在了解對手的疑惑後，盡量給對方一個最圓滿的解釋，這在發生矛盾和糾紛時最為奏效，他會滿意於你的解釋，以後再不會找你的麻煩。

而且談判中應該對人溫和而有禮貌，就像與他商量一樣的提出你的目標，使他覺得你的目標就是他的目標。並給予對方一定的自由空間去活動，不要把通道都堵死，因為那將意味著他只好背水一戰。

妥協是一種策略，更是一種技巧

妥協是一種談判的策略，更是一種技巧。它展現了談判者用主動滿足對方需求的方式，來換取自己需要得到滿足的精神實質。

在商務談判的過程中，每一次妥協都應該為最大程度的實現自己的目標價值而展開。因此，以最小程度的妥協換取最大目標價值的實現，以局部利益換取整體利益、以短期利益換取長遠利益是商務談判中妥協的出發點，也是妥協的根本策略。

正所謂有得必有失，任何談判活動都是在雙方互相競爭和互相妥協的基礎上完成的，如果只想一味的爭奪更多的利益，而不願意某些方面做出適度的妥協以滿足對方的合理需求，那雙方就不可能達成協議。

不願妥協的人，往往是想追求完美的，但在現實生活中，追求完美只能成為一種境界與奮鬥目標，在競爭日益激烈、節奏越來越快的市場環境中，更加崇尚快速決策與團隊合作，而適度的妥協就像是促進雙方合作的潤滑劑。

當然，適度妥協並不是沒有原則的妥協，妥協要掌握一個「尺度」。不能因為妥協，而喪失了原則；也不能因為妥協，而偏離了談判的最終目的。

一句話，妥協是為了讓談判達到一個更好的結果。

一、利用妥協解決談判中的衝突

談判中出現衝突是常有的事，對於談判雙方來說，衝突一旦產生就不應置之不理，而應該積極的進行解決，而妥協正是解決衝突的一個方法。

（一）妥協可以緩和雙方態度

在談判過程中人們總是希望對方改變強硬的態度，殊不知，要想使談判雙方之間的問題及早解決，僅有一方的讓步和努力是遠遠不夠的，只有談判雙方都以積極的態度進行談判，雙方的問題才可能解決得更加及時、有效。

有一位顧客，由於對方送貨太遲，而向推銷員大發脾氣：「你這時候才送貨來，還想收錢？我的老主顧都因為買不到你們的貨而到別人家去了，你們使我虧了多少錢，你知不知道？」

這位聰明的推銷員一看對方發火，就立即向對方道歉，並且說：「這位先生，我們的貨送得太慢了，真對不起。難怪你會不高興，換成我也會發火，我很了解你的心情。」

然後，這名推銷員才問對方：到底送慢了多久？損失了多少錢？以後再發生這種事應該怎麼處理。等到對方怒氣消失，臉色轉晴後，他再請對方想一想，以前送貨的情況怎麼樣，有沒有耽誤過期限。

這位顧客一想，發覺對方每次都按期送貨，只是這一次遲延，因此對於剛才發那麼大的火，開始感到有點不好意思。

這時候，那位聰明的推銷員才向他說明：這一次貨送得慢，是因為製造商趕不出貨，所以批發商才送慢了。不過，這是很特殊的，以後不會再發生這種事情了。

由於對方的態度誠懇，而且過失也不全在對方，所以顧客也就不再生氣了，這場衝突也就蕩然無存了。

由此可見，在態度上做出妥協，可以使原本抱有敵意的對手也在態度上做出重大轉變。所以，只要客觀條件適宜，談判者本身又願意首先從態度上做出適度妥協，那麼談判對手的態度就會發生相應的轉變。

(二) 妥協可以化解利益衝突

在談判中，人們是受利益驅使的。你的談判立場同時也是你實現利益的手段，對方亦然。由於談判雙方的利益不同，所以就會產生衝突，有時候衝突能促使利益分配的解決。

談判中出現衝突是常有的事，面對衝突應怎麼解決呢？既然談判的雙方是受利益驅使的，因此抓住談判問題的要害，即雙方的利益企圖，就不難達成共識了。這樣做的理由有以下兩點：

第一，滿足同一利益可以有很多種談判形式，找出一個解決談判雙方存在利益分歧的途徑並不難。

第二，即使在共同利益上存在著許多衝突，在雙方對立的立場下仍然潛藏著許多利益共同點。

雖然妥協在某種程度上使談判者失去了一些利益，但這種失去是為了更長遠的獲得。當然，我們所說的妥協是適度妥協，而並不是沒有原則的妥協。

在這個日益強調經濟合作的商業社會中，人們從事商務談判的目的通常是尋找一種長期、穩定的雙贏合作關係，這種關係是以雙方之間某些需求的相互補充為基礎的，其目的則是為了雙方共同利益的長期實現。在許多時候，進行商務談判活動的雙方都希望談判會有一個好結果，他們的目標是減少費用與風險，讓自己都能從對方處獲益。

二、妥協的原則

談判中的妥協都是為了自身的最高利益服務的，它並不是僅僅為了滿足單方面的苛求，因此，這些妥協都是基於一定原則之上的手段，巧妙利用這些手段往往可以達到「退一步而進兩步」、「讓一時而利長遠」的目標。

正是因為談判中的妥協是為了談判者自身長遠利益和整體利益的實現，所以談判者在談判過程中進行妥協時一定不要盲目草率，應該遵循以下基本原則。

（一）競爭性原則

談判活動其實是商務競爭的一種具體反映，如果沒有雙方之間利益需求的競爭，那麼就沒有舉行談判活動的必要。因此，談判者的每一次妥協都應該爭回對方相應的讓步和妥協。

（二）有序性原則

談判活動是一項複雜性、綜合性很強的活動，因此談判中的種種妥協和讓步，事先應有計畫安排，既不能任意打破具體的妥協計畫，也不能臨場隨便退讓。

(三) 適度性原則

妥協幅度要適度，不宜太大，次數不宜過多。幅度太大、次數過多會增大對方的自信心，導致對方產生更高的期望值，這樣對自己十分不利。

(四) 可挽回性原則

如果由於資訊準備不充分、設定目標太低或者談判者自身的疏忽等因素造成了談判過程中的妥協不當，那麼，當談判者認知到這種失誤時，就要立即想辦法收回，千萬不要因為覺得不好開口而放棄收回。要盡量找一個理由撤銷、收回，或者採用追加附加條件或額外服務等方式，挽回妥協不當帶來的損失。

總的來說，妥協的原則是從談判雙方的長遠利益出發的。

在這個日益強調經濟合作的商業社會中，人們從事談判的目的通常是尋找一種長期、穩定的雙贏合作關係，這種關係是以雙方之間某些需求的相互補充為基礎的，其目的則是為了雙方共同利益的長期實現。在許多時候，進行談判活動的雙方都希望談判會有一個好結果，他們的目標是減少費用與風險，讓自己都能從對方處獲益。

現代商業社會是一個充滿競爭與合作的社會，在競爭中彼此合作、在合作中也不放棄競爭，這就是現代商業社會的重要特點，所以從某種意義上說，現代商業社會的競爭本質就是協調不同利益之間的衝突，以妥協達成暫時的利益平衡的藝術。誰能掌握這種藝術，或者說誰對這種藝術掌握得更加到位，誰就能成為商業競爭中的最大贏家，他所代表的企業集團就能成為持續發展的組織。

持續發展與合作共贏是現代政治和經濟發展的兩大特點，所以越是事關企業或國家發展大局的談判，談判雙方就越是注重合作大局和長遠利益。

只要妥協符合雙方的長遠利益，那這樣的妥協就有利於談判各方全盤優勢的實現。也許從眼前或局部來看，妥協是一種付出，但這種付出是為了更長遠、更重要的收穫，這種付出絕對不是損失，而是一種獲取利益的科學策略。

將自己的觀點「金錢化」後表達出來

我們都知道，談判的根本目的是為了獲利，談判的雙方為了都能獲利，才坐在一起談判。如果有一方得不到利益的話，他也就不會來談判。因此，談判的關鍵是雙方都能受益，而談判的重點在於受益的雙方比例大小而已。是你多一些還是我多一些。

香港知名企業家李嘉誠講過一句著名的話：每當我和人談生意的時候，我總是在想，對方能從我這裡獲得什麼？

這話講得非常經典。在一般的人看來，他想要表達的意思是：我在跟人做生意的時候，我要照顧到對方，一定要讓對方獲益，就是說，我跟人談生意的時候，對方要獲益。

但從談判專家的角度講，這句話的意思就變為：知道對方獲益多少，知道對方能從我這獲益多少，我反過來要求對方。對方能從我這獲益多，說明他迫切希望跟我做生意。那我就跟他要價多一點。

而在我看來，從心理學的角度分析這段話就會發現，其中提到了一個觀點，便是利益誘導。所謂的利益誘導，實際上是從自己獲得的關鍵資訊上，判斷出對方到底需要什麼，然後再給他什麼。這是在談判桌上常用的策略。

也就是說，在談判桌上要講清楚，透過這次生意，你獲得了多少？在談判桌上強調是對方獲益，分析對方獲益多少，然後滿足對方這些需求，從而誘使對方答應談判條件。

而這些利益對於對方來說是多層面的，有的明顯，有的不那麼明顯，有的是潛在的，有的是不說出來的，有的是暗示的。對方可能會關心什麼利益呢？那麼從人性的角度講，我們可以列出來，錢、地位、名聲、機會、享受、情感等，都可能是對方所需要的。

那麼你在談判的時候，滿足對方這些需求，特別是挖掘出對方潛在的需求來，你就可以用較少的代價獲取更多的收益。

這樣與強迫談判對手接受自己的觀點相比，使他們認知到接受自己的觀點後能夠獲得更大的金錢利益，將更為有效。而且，一定要盡可能的使他們了解到自己具體得到的利益，這一點也是至關重要的。

下面我們來舉例說明這一問題。

人們之所以願意購買某一商品，是因為他們認為能夠因此而獲得高於所支付費用的利益。

比如說，某一公司為什麼願意花費幾十萬元來購買一種新型的電腦伺服器呢？這是因為新的電腦伺服器的處理能力要比以前的伺服器高出很多，使用這種電腦伺服器，工作的效率會因此而大大提高，能夠處理更多的工作，會帶來高出這幾十萬元花費的利益。

還有，很多汽車商都願意從導航系統商那裡花費上千元為每輛車安裝汽車導航系統，這又是為什麼呢？是因為帶導航系統功能的汽車，平均每輛能夠以增加數千元的價格賣出。

再比如，某家公司為什麼會從其他公司挖走年薪百萬的員工呢？這是因為他們明白，如果僱用了這名員工，他每年能夠為公司帶來超過百萬元的利益。

從這些例子我們可以學到，在看待問題時，一定要養成這種思維方式的習慣。尤其在進行談判時，一定要透過這樣的方式，將自己的觀點資料化、金錢化，然後向談判對手進行陳述。

如果在談判中雙方都固執的堅持自己的觀點，試圖以此來說服對手，那麼，無異於兩條平行線的無限延伸，不可能找到解決的方法。因為在這種情況下，很少會出現對手突然認知到「是嗎？原來我錯了，你方的觀點才是正確的」的情況。

因此，固執於己方的觀點，只會遭到對手強烈的反駁。對於談判對手的損失或受益，一定要盡可能的用實際的金額陳述出來。這就是所謂的「觀點金錢化」。

對手發火，你就反悔

有時在談判桌前，你的對手在聽完你的條件時會忽然大發雷霆，表現出一副怒不可赦的樣子。其實你大可不必在意，更不要擔心談判會因此破裂，因為這些只不過是對手的一種策略罷了。

那麼，在談判時如果碰到突然發火的對手，我們該如何應對呢？此時我們最需要的是冷靜，假如你在這時表現得驚慌失措，會讓事態越來越糟，而你為了爭取對方而做出單方面的讓步，也只會讓對手更加得寸進尺。

我在這裡教大家一個對付突然發火的對手的有效方法：反悔。

雖然說重信守諾是為人永久稱頌的處世信條，反悔行為素為君子不齒。然而凡事過猶不及，我們的文化長久以來將我們教育成一個絕對與人為善的好人，使得在許多應該維護自己利益的時候我們都不去據理力爭。

例如，當買主向賣主講價錢的時候，買主為了讓賣主降低價格，於是便對賣主大吵大鬧，使得賣主不得不把價格降低一點，平息吵鬧。

在生活中其實也有很多這樣的例子，有人假借吵鬧來達到目的，他們或到別人門口，或到別人公司，大喊大叫，鬧得不明真相的人議論紛紛，吵得人家不得安寧，使人感到非常厭煩，以至於乾脆讓他達到目的，討得便宜。

像這樣的手段也經常被用在談判之中，而且屢屢得逞。因為大部分人被他們騷擾後，很難抵禦狂攻濫炸，不由自主的畏縮不前，不戰而降了。

對於這種無理取鬧，訛詐式的索取財物的人來說，應該怎樣對付他們呢？

懂得反悔之道，是一個人通權達變，實現自我價值的必要開端。如果反悔對人對己都沒什麼壞處，而對於成功合作、玉成好事有促進之益，為何要執迷於愚忠之謬呢？

其實在對方守信用的時候，你根本用不著使用這個策略。只有為了磨你降價而假裝大發雷霆的時候，你再使用。或者你知道買主想做成這筆買賣，但他們心裡想的是：「讓我生一次氣，看看他還能降低多少？」

比如說和你的對手進行一場商務上的談判，對方是買方。你開出的價格是每件九十元。而對方則提議每件八十元。你們談來談去，最後發現他可能同意八十七元。然而買主想：「我讓他從九十元降到了八十七元，我想應該還能擠出兩元。」

於是他開始向你發火：「現在的生意這麼難做，你還將價格提這麼高。除非你能降到八十五元的價格，否則我不能買你的東西。」

這時你要知道，他可能只是利用發火來引誘你，看看你的價格是不是還能有所鬆動。不要心慌，更不要覺得自己得做出一點讓步，好讓談判進行下去。打消他念頭的最好方法就是先拖延時間，等對手的怒氣消散。你可以說：「好吧，我回去看看，我們重新考慮考慮，看看行不行。明天我再回來找你。」

第二天當你回到談判桌前時，對手的怒氣應該已經消除得差不多了，這時你要假裝要收回你前一天做出的讓步。你說：「我真的不好意思，但我們整晚上都在重新估算這些貨的價格，中間有某個環節出了錯。原材料的價格已經上漲了，評估人員沒有計算進去。我知道我們昨天說的是八十五元，但我們連這個價格也不能給你了，我想九十元是我們可能給你的最低價格。」

買主的反應是什麼呢？他大概會有些發懵，他會急著說：「等等，昨天我們最後談的是八十七元對吧，八十七元我能接受。」這時對方立刻就忘了八十五元。可以說，我們的反悔打消了對方的發怒策略。

其實，不只是在價格上，你利用這個策略也可以反悔你答應的某一項內容，或者反悔包括運輸、安裝、培訓或附加條款的費用。下面是四個例子。

（一）我知道現在我們正在商量免去安裝費用的問題，但是現在看來，以這個價格我們無法辦到。

（二）我知道我們正在討論包括運費在內的價格問題，但我的統計人員告訴我說，以這樣低的價格，我們會虧本很多。

（三）我知道你們提出六十天的期限，但以這個價格我們要求在三十天內付款。

（四）是的，我告訴過你我們願意減免替你們進行人員培訓的費用，但是我們的人說以這樣低的價格，我們只好收費。

雖然反悔策略對付對方的發火十分有效，但要注意的是，不要在大事情上動手腳，因為這會真的激怒對方。如此看來，反悔就好像是場賭博，雖然它可以迫使買家做出決定，但通常的情況是要麼買賣成交，要麼談判破裂。只有當買主對你發火的時候再使用。

鎖定對手中的關鍵人物

在前面的內容中，我曾經提到過，那些沒有決定權的對手一般都十分難以對付。而我們在談判中也要盡可能的隱藏好自己手中的決定權，這樣就可以不用做出讓步，而達成對自己有利的談判。

那麼，如果站在相反的立場上看，就應該盡可能的與對方手握大權的人物進行談判。最好是與對方的重量級人物進行面對面的談判。

猶太人主張，在談判中，要盡量和有決定權的人談判。因為在他們眼中，每一個組織都有等級制度，平穩的和每一個等級人員交涉談判，一級一級的，直到滿意為止，這是低效率和浪費時間的行為。高階層的人掌握更核心的決策權，談判的級別越高，越能滿足自己的要求。

因此，如果他們考慮要和某一個人打交道，首先會弄清楚：他是什麼職位？他能做哪種程度的決策？

談判開始時，精明的猶太人會很禮貌的向對方詢問：「您能幫助我解決這個問題嗎？」或者說：「您能夠決定達成我們的共識嗎？」如果回答是否定或猶豫的，他們會找藉口來終止談判，立即再找其他的高層人物。

在一九六〇年代的中東和談中，以色列的領導人排除很大困難，要求與美國總統直接面對面和談。當美國終於同意遵循中東和平方案時，他要求卡特總統做出承諾，卡特總統最後只好說：我無權做一個明確肯定的國家承諾，但是我個人保證，如果美國的議會不批准這個合約，我就辭職。對此，猶太人終於達到了目的。

在談判時，猶太人也明白沒有人有絕對的決定權，所以，他們只能寄希望於那些有適當或有相當權力的人談判。有了協定之後，猶太人就會盡力執行，兌現他們的承諾，為自己千辛萬苦爭取到的權益提交滿意的註解。

因此，我們也應該向猶太人學習，在談判之前，設想談判對方是什麼樣的人？他在對方公司中處於什麼樣的地位？具有什麼樣的決定權限？以此來直接刺激對方主談人。

例如，某方說：「貴方誰是主談人？我要求能決定問題的人與我談判。」此話貶了面前的主談人，使其（尤其是年輕資淺的談判手）急於表現自己的決定權或去爭取決定權。也有以此將軍的做法：「既然您已有決定權，為什麼不馬上回答我方明明合理的要求，反倒要回國或向上級請示呢？」迫使對方正視自己的要求。

激將的武器多為：「能力大小」、「權力高低」、「信譽好壞」等直接與自尊心相關的話。使用此計時應注意：首先，要善於運用話題，而不是態度。既讓話語切中對方心理和個性，也切合所追求的談判目標。其次，激語應掌握分寸，不過分牽扯說話人本身，以防激怒對手，遷怒於己。

因此，在談判之初，你必須了解對手是否有權在協議書上簽字。如果他表示決定權在他的上司那裡，那你應堅決拒絕談判。

但是，也有另外的辦法來應付這種情況。那就是，既然對手派的是下層人員與你談判，你也不妨派下屬人員去談判或由別人代替你去談判，待草簽協議之後，你再直接與對方掌權之人談判。

這樣，你將獲得較大的轉換空間，不至於到關鍵時刻被別人牽著鼻子走。

如果你的談判對手偽裝成有決定權的人，但當你們完成所有的談判步驟而準備簽訂協議之時，他突然宣布必須與上司聯絡獲得批准之後方可簽字，這時你該怎麼辦呢？是做出讓步簽署協議，還是乾脆拒絕，讓以前的努力全部泡湯？

當然，你可以憤怒指責，但無濟於事。事實已經明擺著，你必須從中找出一條路，找到一個解決辦法。你是否簽署協議，就只能看你是否真正想與對方達成這筆交易。

這時，你如果無法拒絕這筆交易，那你就做出適當的讓步，和他們簽協議。如果這筆交易對你並無多大誘惑，或你不願忍受對方的欺騙、受制於人，那你就可以明確的告訴對方：「我方的立場不可更改，如果你認為這份協議還有價值的話，那就把名簽了。如果你認為它無足輕重，那我們就說再見。」

此時，對方一般會急壞了，因為他之所以這樣做，不過是為追求更大的利潤罷了，如果真丟掉了這筆生意，那對他無疑是一個損失。

還有一種情況，在談判中，尤其是大型的商務談判，參加者通常不只一人。在這種「以一對多」或「以多對多」的談判中，最適合採用的就是「攻擊要塞」。

談判對手不只一人時，實際上握有最後決定權的，不過是其中一人而已。在此，我們姑且稱此人為「關鍵人物」，稱其餘的談判副將們為「對方組員」。

「關鍵人物」是我們在談判中需要特別留意的人物，但也不可因此而忽略了「對方組員」的存在。談判時，有時你無論再怎麼努力也無法說服「關鍵人物」，在這種情況下，就應該轉移目標，向「對方組員」展開攻勢，讓「對方組員」了解你的主張，憑藉他們來影響「關鍵人物」。其過程也許較一般談判辛苦，但是，不論做任何事，最重要的就是要能持之以恆，再接再厲，方能獲得最後的成功。

當你無法說服「關鍵人物」時，就要另闢蹊徑，把攻擊的矛頭指向「對方組員」。這正如古時候的攻城略地一般，只要先拿下城外的要塞，就可以長驅直入了。

攻占城池，要先拿下對城池具有保護作用的要塞，如此一來，就能如入無人之境了。同理，在無法說服「關鍵人物」時，便應改弦易轍，設法透過「對方組員」來動搖「關鍵人物」的立場。

使用「攻擊要塞」戰術時，關鍵在於「有變化的反覆說明」。很顯然的，「關鍵人物」已經不只一次的聽過了你的主張，而現在，如果要再拿同樣的說辭對「對方組員」展開遊說，「對方首腦」自然感覺興味索然。而「對方組員」也一樣，對你一成不變的陳述方式，也不可能專心聆聽的。所以，目的雖然相同，但是，在反覆說明的過程中，就要特別留意其中的變化性，以免收到反效果。

另外應注意的是，縱然你已經認真的說服了「對方組員」，但是，這卻無法保證「對方組員」也會像你認真的說服他們般的去說服「關鍵人物」。要是「對方組員」不肯這麼做，即使你用盡了全力，「攻擊要塞」戰術還是難奏其效的。

守住底線，絕不動搖事先決定好的「回落目標」

達到底線前必須讓對方知道，所謂談判首先就是談、溝通，然後才能做出判決。

在談判中對方的要求有些是可以拒絕的，而有的內容可以酌情考慮做出一定的讓步，以便使談判得以進行，順利達到各自的目的。

這就需要我們在談判之前設定好自己的談判底線，並加固自己的防線，同時也應當擬定對方的底線。

當談判逐步逼近自己底線時，一定要讓對方知道自己已經快到底線了。達到底線前必須讓對方知道。在設定底線的時候，建議談判者事先做一些假想的練習，找一些人作為自己的談判對手進行演練，設想談判中可能遇到的情景、麻煩，這種假想練習的效果往往是驚人的，因為在進行正式談判之前開始練兵，在談判中就會心中有數，使主動權牢牢掌握在自己手中。

同時，自己的底線不能隨便更改，一些年輕或者沒有經驗的談判者，由於怕談判對手說「不」，主動更改自己的條件，結果輸掉談判。

因此，一定要堅守底線。此外要注意的是期望與所得是相關的，期望越多，所得也就越多。不要輕易更改自己的底線。

相信每個人都有這樣的經歷：你去超市買電視機，雖然是明確標價，可你知道仍是有議價的空間。銷售人員就會問你：「先生（小姐），請問你是今天就決定買嗎？還是只是看看再說。」

如果你是談判菜鳥，你會想：「我一定要說今天就買，我要讓對方知道我有誠意，這樣對方才可能給我最大的折扣。」於是你就和對方說：「是啊，我很有誠意，我打算今天就買。」完了，當你說完這樣的話，對方的心裡其實是這樣想：「嗯，反正這個人的購買意願很高，那我就可以慢慢跟他還價了，反正他不會聽到一個價格掉頭就走。」

如果你反其道而行之，說：「我只是先看看。」那你還是完了，銷售人員聽了之後會想：「那我還跟你浪費那麼多口舌幹嘛？」多半他報一個價之後就再也不肯開口。

談判高手會如何說？

談判高手會說：「嗯……我是打算買，不過，這完全要看今天你給出什麼樣的價格了。」好了，皮球踢到對方那裡去了。這時對方就會受到「刺激」，他想，嗯，這個客戶有一定的購買意願，但還不是很堅決，我一定要把這個客戶拿下來。於是，他開始跟你談判，並且他不確定你是否一定會買，所以他在價格上就會盡量給出最大的優惠，因為他要「激發」、「誘導」你的購買欲。

要知道，把一個不是很想買東西的人「說服」，最後購買了他的商品，比「說服」一個本來就很想買東西的人，成就感要大很多。所以，作為談判高手，都預先就給對方留有獲得足夠成就感的空間，而不會一上來就把對方獲得成就感的機會拿走。

為什麼這裡要說買電視機？是因為職場裡的談判很多時候和買電視機是一樣的。你代表公司去採購；你代表自己去找工作；你代表老闆去見客戶；你代表企業去和商業夥伴談合作……太多太多的場景就和你買電視機一樣。所以，你在買電視機時用到的談判技巧，在職場裡也一樣能用得到。

而在買電視機的談判，你的談判技巧裡最關鍵是什麼？是不要讓對方知道你的底線——尤其是在最開始的時候。你要學會踢皮球，讓對方來接招，讓對方來想辦法達成這筆交易。而你要做的只是「回應」對方而已，「值得考慮」或是「完全難以接受」。

當然，這麼做的前提是你擁有談判主動權，例如，你是購買方，或你是甲方。

二〇〇二年年初，我計劃買一間房子，也看中一間房子。由於我一定要買在商業區內並且四月份入住的房子，所以我的選擇餘地並不大，基本上我只能買這家房地產公司的房子。當我表示可以簽訂合約時，銷售代表請出了她的經理。

我已經了解到這家房地產公司可以提供至少九五折的優惠，所以我希望至少得到這個折扣。經過討價還價，這位經理同意了給予九五折。這時，我提出了事先準備好的問題：

「九五折是你們可以給出的最好的折扣嗎？妳肯定你們不能給出更優惠的折扣嗎？」說完，我目不轉睛的盯著她的眼睛。

她開始思考怎麼回答，沒有看著我。我看到她的目光向左上游移，這明顯與她以前的目光不同。過了一下子，她肯定的告訴我：「你的價格已經很便宜。」

「可是我聽說你們在剛開始發售的時候的價格低很多。」我繼續問。

「那時不一樣。現在九五折已經是最優惠的。」

我知道她給我的價格並非她的底線。我開始思考如何請她到窗旁，請她體諒我買房的預算非常吃緊，請她再給我一些優惠。我太太一直在看房屋平面圖，以為我們關於價格的談判已經告一段落，便說「九五折就九五折，但是，裝修方面你一定要答應我們的要求。」

聽我太太這樣一講，銷售主管立即輕鬆起來，趕忙拿出了裝修圖。不久，價格和裝修談定了，以九五折成交。

在這個買房的談判中，透過觀察經理的目光和語氣，我判斷出底價可以再低一點。當我正要進一步討論價格的時候，我太太暴露了我們的底線。銷售主管透過我太太的談話已經判斷出來，即使九五折我們也一定會買。可以看出，發現了對方的談判底線的一方，就可以談判結果接近對方的底線並因此而獲利。

「底牌」策略，明確告訴談判對手某一條件已是自己底線，再不能退讓，否則只好終止談判，以此迫使對方接受自己的報價。這是談判高手們常玩的一招。

在商業談判中，底牌策略是一種簡單而有效的方法。如果有經驗的談判者能正確使用這一策略，結果一定會使其成為最大的贏家。

第八章　如何讓對手接受

我們都知道，只有談判雙方代表不同的利益，且這種利益存在互補關係，他們才有可能坐到談判桌前就某一項目彼此協調。然後談判雙方經過一系列針鋒相對的談判，從而達到雙方都比較滿意的結果，實現商務談判的最終目的。

那麼，如何讓對手接受自己的條件和觀點呢？

說服對手的基本原則和技巧

對於不易說服的人，最好的辦法就是要使對方認為你也和他們站在同一立場。任何人，當他受到來自他人的尊敬和信賴的時候，都會從內心感到高興，雖然明知道那是奉承話，但聽起來也會感到舒暢。自尊心越強的人，越會有這種傾向。

在談判桌上，自尊心很強的人往往比較難對付。如果你希望他能夠接受一項繁雜而又為一般人所難以接受的條件時，最好的辦法是觸及他的自尊心。

一般來說，自尊心強的人大都很自信，並且不論在任何場合都會認為自己是與眾不同的，不願和普通的人混為一談。

所以，一個有影響力的人，在打動他人的時候能在不知不覺中打動對方的心，迅速說服對方。

但需要注意的是，在談判中想要說服對方，就必須掌握一定的原則。談判者在談判中切忌只說自己的理由，要研究、分析對方的心理、需求以及關注點，避免操之過急，盡量做到態度誠懇，平等相待，積極尋求雙方的共同點。而且談判者要注意所使用的說服用語要樸實親切、富有感召力，不要過多的講大道理。

當然，要想說服對手僅有原則還不行，還需要談判者掌握一定的談判技巧。

全球最知名的成功學家戴爾·卡內基先生，曾經以自己的傾聽藝術成功的說服了一位企業家來參加他的演講。

在戴爾．卡內基打算拜訪這位企業家之前，他的朋友們都勸他不要自討沒趣了，因為和這位企業家有過往來的人都知道那是一個脾氣十分古怪的老頭，而且這位上了年紀的企業家還十分倔強，他從來就不願意聽什麼演講，據說通常人們和這位企業家說不上三句話就會被趕出家門，但是戴爾．卡內基卻不打算放棄這次說服工作。

第二天一大早，卡內基就來到了這位企業家的辦公室，這位企業家正在親手澆灌他的花朵。把卡內基請進門之後，這位企業家並沒有對他進行禮貌的招待，而是一邊澆花一邊在那裡自言自語，卡內基一直在沙發上耐心的等待，後來這位企業家終於和卡內基說話了，但是他說的內容全是一些有關企業內部員工消極怠工方面的問題，對於這些問題，卡內基雖然有些了解，但是他知道自己此時不便發表意見。

於是，他只是坐在一旁耐心的傾聽企業家的高談闊論。企業家一直在談論他認為有趣的企業員工管理話題，卡內基除了在企業家問他意見的時候，提出了一個「企業內部員工的管理應該從員工自身素質做起」的意見之外，其他什麼話也沒有說，而且他也沒有向對方提起去聽自己演講的事情。

時間就這樣很快過去了，午餐時間到了，卡內基向這位企業家告辭，但是這位企業家卻十分誠懇的挽留卡內基與他共進午餐。

在吃午餐的時候，這位企業家對卡內基說：「聽說你的演講不錯，而且從今天我們的交談來看，你確實是一位最有意思的談話對象，所以我打算讓公司的所有員工去聽你的下一次演講。」就這樣，戴爾．卡內基幾乎沒費什麼口舌就「說服」了這位企業家，實現了自己的拜訪目的，而且還得到了更多的演講聽眾。

從這個例子我們可以看出，要想說服對方，就必須要先了解對方。事實證明，傾聽讓說服更有效，忽略傾聽將會使說服失敗。

商務談判活動的複雜性、多變性、競爭性，決定了光靠一方的猜測和預估是很難進行有效溝通的。耐心傾聽就是談判雙方在表達己方意見的同時和對方進行積極交流的重要方式。因此，商務談判人士必須注意在談判過程中對談判對手所述意見的耐心傾聽。

如果你對對方知之甚少，那麼就要多聽對方的意見，多向對方提出問題，多向對方傳遞資訊，從而了解對方的心理和需求。針對這些，你再向對方提出自己觀點，就會很容易將對方說服。

而且談判者要想說服對手，就必須提前掌握對手的一些基本資訊。最好能夠充分了解對方，這樣就能夠以對方習慣的能夠接受的方式、邏輯，去展開說服工作。

這裡就需要談判者多掌握一些談判的方法和技巧。例如，談判者要注意精心設計開頭和結尾，以便讓對方留下深刻印象。在談判中盡量強調與對方立場、觀點、期望的一致，淡化與對方立場、觀點、期望的差異，從而提高對方的認知程度與接納程度。還有，要多次重複某些資訊、觀點，以增進對方對這些資訊和觀點的了解和接納。

把以上提到的說服方式和技巧歸納起來，可以得出以下幾點結論。

一、建立良好的人際關係

當一個人考慮是否接受他人意見時，一般情況下，總是先衡量一下他與說服者之間的熟悉程度和友好程度。如果相互熟悉，相互信任，關係融洽，對方就比較容易接受你的意見。因此，如果要在談判中達到說服對方的目的，必須先與對方建立相互信任、相當融洽的人際關係。

二、分析你的意見可能導致的影響

向對方誠懇說明要他接受你的意見的充分理由，以及對方一旦被你說服將產生什麼利弊得失。坦率承認如果對方接受你的意見，你也將獲得一定利益。這樣，對方覺得你誠實可信，會自然而然的接受你的意見。反之，如果你不承認能從談判中獲得一定利益，對方必定認為你話中有詐，缺乏誠意，從而拒你於門外，你將無法收到說服對方之功。

三、簡化對方接受說服的程序

當對方初步接受你的意見的時候，為避免對方中途變卦，要設法簡化確認這一成果的程序。例如，在需要書面協議的場合中，可事先準備一份原則性的協議書草案，告訴被說服者：「只需要在這份原則性的協議書草案上簽名即可，至於正式的協議書我會在一週內準備妥善，到時再送到貴公司請您斟酌。」

這樣，往往可當場獲得被說服者的承諾，並避免了在細節問題上出現過多的糾纏。

四、運用說服技巧的基本原則

在談判中切忌只說自己的理由，要研究、分析對方的心理、需求以及關注點，避免操之過急，盡量做到態度誠懇、平等相待，積極尋求雙方的共同點。

在說服的原則中，最重要的一點是消除對方的戒心、成見。這就需要談判者不要一開始就批評對方或是指責對方，更不要把自己的意志和觀點強加於對方。

而且談判者要注意，所使用的說服用語要樸實親切、富有感召力，不要過多的講大道理。

我們要知道，要想說服別人並不是一件簡單的事情，更不可能一蹴而就。不要奢望對方一下子接受你提出的突如其來的要求，要先做出必要鋪墊，最後再自然而然的講出你在一開始就已經想好的要求，這樣對方比較容易接受。

尤其是在談判中，要想說服和你不同觀點的對手，就必須強調互相合作、互惠互利的可能性和現實性。只有對方認為自己的利益得到了保障，才會在此基礎上來接納你的意見和建議。

告之以利，示之以害

利益可以滿足人的需求，也是累積人的生存與發展資源的要素，人對利的追求不僅是最本質最強烈的衝動，也是永無止境的。因為人追求利益是本性的使然，但也很容易就陷入貪得無厭的盲點。

然而從另一方面來講，人在需求的滿足和發展資源的累積上又有一定的容量和限度。也就是說，利的增加儘管會增加人的滿足感，但這種滿足感會漸趨遲鈍。同時，對大多數人來說，追求利益還會受理智的制約。一定情況下，還會捨棄某些利益，以維護和獲取更為根本的利益。

因此，透過利益機制來說服人，有其普遍的效用，但在特定的情況下也不一定奏效。此時當反其道而用之，即以害來震之，以獲得良好的說服效果。

而人對害的感覺與利相比，認為害是一種雙倍的損失，所以便有避害甚於趨利的說法。面對利害的抉擇時，理性的人往往會棄利以避害。透過避害的心理機制說服人，有時會比以利來誘導更有效。

利害關係是人們所有關係中最重要的關係。因此，在對人進行各種說服性的工作中，揭示利害關係是最容易打動人心的，可以使人決心不做某事或堅定某些決心。

一個人最關心的往往是與自己有關的一些利益，因為人們畢竟生活在一個很現實的社會中，人要生存，就離不開各種與己有關的利益。所以，當你想要勸說某人時，應當告訴他這樣做對他有什麼好處，不這樣做則會帶來什麼樣的不利後果，相信他不會不為之所動。

這裡有一個用告知以利害，並成功說服對方的例子：

卡內基每一季都要在紐約的某家大飯店租用大禮堂二十個晚上，用以講授社交訓練課程。有一季，卡內基剛開始授課時，忽然接到通知，要他付比原來多三倍的租金。而這個消息到來以前，入場券已經印好，而且早已發出去了，其他準備開課的事宜都已辦妥。怎樣才能交涉成功呢？他們感興趣的是他們想要的東西——卡內基想。兩天以後，卡內基就去找那個經理了。

「我接到你們的通知時，有點震驚，」卡內基說，「不過這不怪你。假如我處在你的位置，或許也會寫出同樣的通知。你是這家飯店的經理，你的責任是讓飯店盡可能的多盈利。你不這麼做的話，你的經理職位難以保住，也不應該保得住。假如你堅持要增加租金，那麼讓我們來計算一下，這樣對你有利還是不利。」

「先講有利的一面，」卡內基說，「大禮堂不出租給講課的，而是出租給辦舞會、晚會的，那你可以獲大利了。因為舉行這類活動的時間不長，他們能一次付出很高的租金，比我這租金當然要多得多。租給我，顯然你吃大虧了。」

「現在，來考慮一下『不利』的一面。首先，你增加我的租金，卻是降低了收入。因為實際上等於你把我趕跑了。由於我付不起你所要的租金，我勢必再找別的地方舉辦訓練班。」

「還有一件對你不利的事實。這個訓練班將吸引成千的有文化、受過教育的中上層管理人員到你的飯店來聽課。對你來說，這難道不是起了不花錢的廣告作用了嗎？事實上，假如你花五千美元在報紙上登廣告，你也不可能邀請這麼多人親自到你的飯店來參觀，可我的訓練班被你邀請來了。這難道不划算嗎？請仔細考慮後再答覆我。」講完後，卡內基離開了。

最終，飯店經理做出了讓步。

在卡內基說服飯店經理的過程中，沒有談到一句關於他自己要什麼的話，而是站在經理的角度想問題。這就告訴我們，把他人的利益放在明處，將自己的實惠落在暗處，不但會達到自己的目的，而且可以獲得對方的認同。這確實是一種比較精明的說服術。

從上面這則事例中可以看出，想要說服他人不做某事，就應該讓他知道這樣做乃取小利得大害之舉。這就更能獲得他的信任，進而聽取你的意見。

我們知道，說服術也是一種攻心的計謀，故「因敵制勝，應形於無窮」乃最高心法。也就是說，圍繞著對方的心而談，說以無窮的利害變化，使對方認為你是為他著想，而且你的想法能為他帶來很多「利」，他就會聽從你的建議，從而在無形中接受你的觀念，達到成功說服的目的。上面的例子中，卡內基就是這樣打消了飯店經理增加租金的念頭。

勸人言利害，利害分明人自醒。任何事物都關係著利害，利大弊小，可為之；弊大利小，不可為之。每個人遇事都會做出趨利避害的選擇。因此，在勸說他人時將利害得失說明，進而指明方向，具有極強的針對性和說服力。

所以，要想更好的說服他人，就要靈活運用利害關係才行。

以退為進，說服對方

一位談判高手在談判中不僅要能主動進攻，而且還要善於妥協。他們知道，只有同時掌握進攻術和防守術，才能在談判中獲勝。

有時談判者需要向對方做出妥協和讓步，才能換取更大的利益。這就是我們常說的以退為進，它充分展現出了談判的特點。即雙方為了獲得自己的利益，必須付出一定的利益，為了獲得利益，就必須能果斷的付出。

有時，適當的退一步不但不會對自身的利益造成損害，反而會帶來更多的利益和機會。香港著名華人首富李嘉誠就經常這樣教育自己的兒子：

有人問「小巨人」李澤楷，他父親曾教過他什麼成功賺錢的祕訣。李澤楷回答說：賺錢的方法他父親什麼也沒有教，只教了他一些為人的道理。李嘉誠曾經對李澤楷說，他和別人合作，假如他拿七分合理，八分也可以，那麼他就拿六分。李嘉誠的意思是，他吃虧可以爭取更多人願意與他合作。你想想看，雖然他只拿了六分，但現在多了一百個合作的人，他現在能拿多少個六分？假如拿八分的話，一百個人會變成五個人，結果是虧是賺可想而知。

李嘉誠一生與很多人進行過或長期或短期的合作，分紅的時候，他總是願意自己少分一些錢。如果生意做得不理想，他就什麼也不要了，願意吃虧。這是一種風度，是一種氣量！正是因為這種風度和氣量，才有人樂於與他合作，他的生意也就越做越大了。

做生意如此，談判亦如此。在談判中，為消除雙方的分歧，最大限度的縮短達成協議前的距離，最終達到「皆大歡喜」，雙方都要做出必要的讓步，採納對方在合理範圍內的建議。一般而言，一方做出的讓步表示，都是在已獲得對方的妥協後，再做出的讓步。

所以，每次的讓步、每次的妥協都是相對的、有條件的。讓步的大小與妥協的極限，是以己方的利益損害大小、多少為準的。一位聰明的談判者，如果遇到的是小問題，就應該主動做些讓步，以引誘對方做出更大的讓步。

在我看來，讓步是滿足對手某種需求，調節其談判動機，改變談判態度的良策。這種以退為進的方式貫穿於一切談判之中。任何優秀的談判者都會巧妙的運用讓步藝術。

而且讓步可以使衝突雙方停止衝突，使之重新回到談判桌前。這樣看來，不是被動撤退，而是以柔克剛、以退為進的謀略。

我在這裡告訴讀者們一個談判的竅門：用以退為進的談判策略時，可以適時向對手提出一兩個很高的要求，對方必然無法同意，我們在經歷一番討價還價後可以進行讓步，把要求降低或改為其他要求。

其實，這些高要求我們本來就沒打算會達成協議，即使讓步也沒損失，但是卻可以讓對方有一種成就感，覺得自己占得了便宜。

這時我們再提出其他的要求，相較起這種比高要求要低的要求就很容易被對方接受。但需要注意的是，切忌提出太離譜、過分的要求，否則對方可能覺得我們沒有誠意，甚至激怒對方。先拋出高要求，也可以有效降低對手對於談判利益的預期，挫傷對手的銳氣。

利用這一方式來影響和說服別人，往往能收到意想不到的效果。發生爭執時，勸架者最常用的方法就是各退一步。很多談判高手都是漫天要價或是坐地還莊，就是希望利用互惠原理的相互退讓來保護自身利益。直到雙方僵持不下時，一方主動讓步。然後再要求對方讓步，雙方相互退讓並達成妥協。

也就是說，根據互惠原理，如果我們主動做出讓步，別人也有義務做出讓步。因此，在人際交往中，我們不妨運用主動退讓的策略來贏得更多的合作機會。

我們都知道，談判的結果應該是雙贏的，而以退為進，實際上就是有彈性的「留一手」的做法。在談判的對抗中難免出現僵局，這時，明智的選擇在於暫時迴避矛盾，採取迴旋策略。我們一旦開始談判，就希望能夠順利和對方達成協議，完成交易。因而在開局時，如對方難於攻打，使敵我雙方陷於僵持狀態，我們就可以主動迴旋，反而會有「柳暗花明又一村」的驚喜。

做好雙贏說服的準備

溝通的本質其實就是說服，說服的本質其實就是雙贏；溝通不是工具，而是生活的本質；說服不是輸贏，而是生存的條件。溝通的最高境界是讓你和對方都能達到目的。

在生活、工作、談判桌上，說服力較強、說服技巧較好的人，會利用各種因素讓自己處於比較有利的條件下。但是無論過程怎樣，最終的結局都是讓雙方都能接受，無論哪一方覺得

「輸」或者「贏」並不重要，重要的是達成結局的理由，雙方都有相同的理解和共識，就是我們所說的雙贏。

雙贏是談判的最高境界，也是提高說服能力的要求。說服就是解決矛盾分歧，協調成功，讓雙方都滿意，這是人際關係成熟、說服藝術水準高明的展現。

但要真正想要在談判中達成雙贏卻並不是那麼簡單，這就需要談判者在前期做好相應的準備。俗話說得好，有備無患。說服者只有在談話之前做好充分的準備工作，才會使說服朝著自己希望的方向發展，從而達到預期的效果。

一般來說，要想在談判中為雙贏說服做好準備，就必須從談判的場內和場外兩方面入手。

一、談判場外的分析過程

首先要明確自己的優劣勢。人們在說服開始之前須對自己有一個真切了解，如從自身、企業、國家等不同的角度進行分析，哪些屬於優勢方面，哪些是薄弱環節，以客觀的態度進行考察和評價，從而明確自己到底需要什麼，並根據自己的實力排列贏、和、輸、破裂四種說服結果的優先順序。

此外，從自身的角度來看，作為說服者，對其知識、修養、口才乃至風度，都有一定的要求，說服需要廣泛的、豐富的知識和經驗。同時，人的性格上的弱點對說服也有影響。

例如，自卑的人面對較強硬的對手，會產生較大的心理壓力，容易接受暗示，愛猶豫，當斷不斷；脾氣急躁的人在說服中往往不冷靜，缺乏耐心，造成判斷失誤，或因急於求成，忽視細節，讓對方鑽漏洞；愛鑽牛角尖的人，不善於多向思維，應變能力差等。知己才能知人，善於剖析自我，善於克服性格上的弱點，不斷提高自身的素養，這對於在談判中更好的發揮水準是很重要的。

其次要大力搜集說服情報。在說服的時候，能否搜集到充分的情報是說服成功的關鍵。因此，人們要累積各類資訊，為自己建立一個資訊庫，這在商務談判中，尤其是涉及企業之間貿易方面的內容時更為重要。

在一些正式談判前，等到雙方要對某個問題進行談判時，再去收集對方情報，那樣就為時過晚。因為對方已把你當作危險人物，而且此時正是對方保密警惕性最高的時候。

所以，平時就應該進行各類情報、資料、資訊的收集與累積，形成一個資訊庫，在說服之前進行整理、分析。

在說服中，要做到「胸中有數」，收集對方的情報是不容忽視的。為了對付未來的談判對手，要盡可能多的了解對方，包括對方的個人性格特點，如興趣、愛好、追求等。

對於一些貿易公司，在進行說服前，要根據具體情況和要求，充分了解對方公司的信譽、作風、經營能力及以往履行合約的情況，盡可能多的掌握和準備有關對方的情報資料，以此來預測對方透過談判所要實現的目標。

總而言之，在說服前，要收集和研究所談問題的相關資料，熟悉有關情況和背景，不忽視任何細節和任何技術性問題，只有詳盡的了解對方和自己的優劣、意圖，才能確定自己的目標，進一步準備好對策。

二、場內營造雙贏氛圍

在談判中，一旦談判雙方陷入彼此的對峙，就會擴散出敵意性與離心力，造成「非贏即輸」的局面。所以，在談判桌前營造出雙贏的氛圍，避免對抗情緒的出現也是為雙贏說服做的準備。

在我看來，營造談判雙方都能心平氣和的方式有如下幾點。

(一) 將分歧看成是關係重組訊號

有時在談判桌前會出現，只要一方的觀點有所不同，便會遭到另一方無情的貶損與批判，久而久之，談判桌前就會出現緊張的對立局面。

我認為，當談判雙方的意見、感受、觀點出現分歧時，你可以用誠懇的語氣說：「在這裡我們有不同，讓我們一起來想出大家都滿意的方法。」

這樣，從措辭上強調的是「我們」而不是「你」、「我」的對立。不但沒有任何貶抑的用語，反而只有誠意的邀請，邀請對方一起來解決問題。

(二) 尋找交集點

我們都知道，現在是一個「協商的時代」，我們應該把協調視為「尋找交集點」、「擴展思維」的過程，而不是「製造敵人」的時候。

這就要求談判者要認清雙方的不同而不是敵對。因此，切勿心存「打倒」對方的偏激想法，只求贏得個人主觀的世界。

對於一個成熟的談判者而言，分歧就是人際關係需要「重組」的訊號，甚至是調整關係，培養的契機。

(三) 分歧就是了解的時候

在談判中可以經常見到，表面上對方是為公司的利益對你的條件表現出不滿，但在表達中卻又同時夾雜著個人的情緒，令你摸不著頭緒。

在分歧中，談判者必須明確對方真正訴求的主題。到底是單純尋求問題解決的可能性；或只是抒發個人的不滿、牢騷、憤怒；或是純為雞毛蒜皮的小事，無理取鬧；又或是一味玩其個人遊戲，藉此以引起注意；或是對方的自我困惑與矛盾。

「分歧，應是了解的時候。」是談判者探索對方需求的時候，而不是自我表達的時候；是幫助對方理清作為困擾及方向的時候。

身為領導者的你，切勿落入對方情緒的漩渦裡跟著團團轉。

借力說服

在談判中為使說服更加有效力，談判者可以借助於外界的力量來造成一種說服聲勢或壓力，以增強說服力。運用借力說服的方法來進行說服，可以達到強化說服的力度，起到順風托勢、借勢用力的效果。

在說服別人的過程中，自己的力量往往是單薄的，如果巧妙的利用外力，即借力說服法，則會達到事半功倍的效果。

這裡我們提到的外力，其實指的就是外界因素和對手的自身因素兩種。只要我們掌握住這兩種因素，就不難將對手說服。

一、利用外界因素說服對手

前面我們提到過，要想使說服對象能被順利說服，僅靠平平淡淡的語言是不夠的，只有借助於一定的典型事例，借助於科學知識，借助於名人的威望，借助於對象自身的心理、情感和利益的需求等多種力量，借助於社會的輿論，才能增添說服色彩，增強說服氣勢和效力。

那麼，什麼樣的外界因素有利於談判者說服對手呢？

（一）外在環境

心理學中曾提到過「居家效應」，它告訴我們，人在自己熟悉的場所裡，如在自己的客廳裡說話，要比在別人的接待室裡說話更有說服力。所以，精明的談判者在與人洽談重要事務時，總是爭取在自己熟悉的地方，而非對方熟悉的地方進行。

(二)可靠資料

提供可靠的資料，使用具體的例子，比一味空談道理更容易使人信服。當你說一些有利於自己的事情時，大多數人都會懷疑你和你所說的話，而當你以另一種方式去說有利於你自己的事情時，卻可以大大消除這種懷疑。

善於談判的人都知道，人們做事受個人的具體經驗的影響，比受空空洞洞的大道理的影響要大得多。

對於一個病人來說，如果醫生勸他服某種藥物，那麼即使醫生再三證明這種藥物有效，說了許多的藥理知識和道理，病人總還是不免心存疑慮。但如果換一種方法試試，如醫生告訴他：「以前有一個患者也服這種藥，只用了一個療程就大病痊癒了。」聽完這樣活生生的個人體驗，病人一定再也不會有所顧慮了。

(三)借助第三方轉述

要想將自己觀點傳達給想要說服的對象，並不非要你親自向對方描述。借助你身邊的人來幫助你轉述，會使跟你談話的人獲得比你直接回答更加深刻的印象。

因為人們通常很少懷疑你間接描述的事實的真實性，會認為你是站在他一邊看待和分析問題的。然而，當你直接說出來時，他們就會深表懷疑。因此，要透過第三者的嘴去講話。

在你引述別人的話時，如果還能運用一些成功的故事，或引用事實和統計數據來說話，那麼，你的說服能力就會大大提高。有很多成功的說服者就常常藉著故事說服別人。

這裡所提到的外界因素只是很小的一部分，談判者如果細心發現，還能找到更多利於自己說服對手的因素。其實在我看來，說服別人並不神祕，它雖然有一部分是人的天賦所致，但也是可以透過學習來提高的。只要你掌握一些說服的真正技巧，就不怕說服不了人。

二、利用對手的觀點將其說服

所謂的借力說服不光是指利用周圍的環境和他人，也可以直接或者間接的利用對方的意見去說服對方。

(一) 先利用，後轉化

在談判中，你的對手經常會這樣說：「你商品數量雖然很大，但要求價格折扣幅度太大，服務項目要求也過多，所以這筆生意無法做。」

對此，你可以這樣回答他：「您所提的這個問題太實際了。正如貴方所講，我們的進貨數量是很大，這是其他企業無法與我們相比的，所以我們要得到的價格折扣大於其他企業也是正常的要求。另外，如果我們的合作能夠保持下去，從長遠的觀點上看，這對雙方都有好處，是互惠互利的。」

這樣一來，你的對手就無法對你的觀點進行反駁。可見這種先利用、後轉化的方法所獲得的效果，是許多其他方法無法比擬的。

(二) 先肯定，後否定

有時對方談判代表也會提出這樣的要求：「這種包裝的商品我們不要。」如果經過你的分析，認為他們的意見只是為討價還價找藉口，這時我方就可以用先肯定、後否定的方法來處理。

針對他們的觀點，你可以說：「是呀，許多用戶剛開始都認為這種包裝的商品可能不好賣，當您了解這種包裝的商品在市場上有多麼吸引人時，您可能就會改變這種看法了。」

這就是說，在回答對方提出的意見時，先對其中的一部分加以肯定，然後透過相關資訊和理由進行反駁。

(三) 先重複，後削弱

這種方法是談判人員先用比較婉轉的語氣把對方的反對意見陳述一遍，再回答，複述的原意不能變，但文字可以改換，順序也可以顛倒。

例如，談判的一方說：「貴公司價格太不合理了，不能接受，我方要求退出談判。」回答時不妨這樣說：「是的，我方理解貴方的心情，價格與去年相比確實高了一點，但我們公司生產所用原材料已經漲價，這是正常的呀，您可以去諮詢其他供應商。」

這樣就會明顯的削弱對方的強硬態度，使對方覺得他的意見已經獲得了你的承認，其實主動權已經掌握在你的手裡。

利用人性的弱點

人性，有優點也有弱點。有些人事業的失敗在很大程度上就是由於自身的弱點造成的，因為人性的弱點最易讓人迷失理性。所以，做人要善於自我反省。但人性的弱點並非絕對不好，利用人性的弱點，也能在看似不可思議之處開闢商機，賺上一把。

同樣的，在談判中我們也可以利用人性的弱點，操控對手的談判心理，掌握談判的主動權。這些人性的弱點無外乎兩種，即貪圖小利和愛慕虛榮。

一、以利相誘

貪圖小利也是人性的一大弱點，商業經營者也可以對消費者的占小便宜心理加以利用。經營者在銷售商品的同時，「略施小利」，拋小餌釣大魚。小利對消費者來說是有很大吸引力的，經營者也能大獲其利。

有一家家電生產商開發出一種新型的播放機，而且比起市場上的同類產品性能更好，價格也偏低。但這家公司卻發現，如此好的播放機卻在市場上的銷售業績平平。經過這家公司對市場的追蹤調查後發現，原來銷售量無法提升的真正原因在那些零售店上。因為這家公司生產的播放機零售價便宜，對於商家而言，即使利潤率不變，到手的絕對金額與其他播放機相比要少。

於是，這家公司便想出了個辦法，讓公司的部門員工扮成顧客，到這些商店去。這些員工不斷向一些沒有進貨新型播放機的店家去詢問，而且不斷的分批換人。

在這種輪番「進攻」下，店主便想：「這種播放機那麼吃香，我也經銷一下試試吧。」隨著抱有這樣想法的商家的不斷出現，短短兩年內，這家公司生產的播放機銷售量就超過了其他公司，獲得了很高的市場占有率。

其實我們看的這則例子並非是製造虛假聲譽的戰術，而是為了使不諳行情的商店盡快了解這種商品的好辦法。首先，這家公司所生產的播放機CP值十分出眾，具有很強的市場競爭性。但那些出售家電的商人卻不會從這方面來考慮，他們只想要的是利益。這家公司正是看出商人的這種趨利的心理，才採用了這樣的策略。

二、滿足對方的虛榮心

人類本質中最殷切的需求是，渴望得到他人的肯定。人際交往的一個極為重要的法則是，要想提升自己的影響力，時時讓他人感到他們的重要。如果我們遵從這一法則，大概不會惹什麼麻煩，並且可以得到許多友誼和快樂。但如果我們破壞了這一法則，必將後患無窮。也正是這種需求使人類有別於其他動物，也正是這種需求，產生了豐富的人類文化。

現實生活中，有些人之所以會出現說服的障礙，就是因為他們不懂得或者忘記了一個重要原則──讓他人感到他們的重要。他們喜歡自我表現，誇大吹噓自己。一旦事情成功，他們首先表現出的就是自己有多大的功勞，做出多大貢獻。這樣無非向他人表明：你們確實不太重要。無形之中，傷害了別人，當然最終也不利於自己。

每個人都認為自己在某些方面比他人優秀。而一個絕對可以贏得他人歡心的方法是，以不著痕跡的方法讓他明白，他是個重要人物。正如杜威教授所說的：人們最迫切的願望，就是希望自己能受到重視。而卡內基也曾一再強調，正是這股力量促使人類創造了文明。

人有共性，又有個性。如果能針對人的共性心理使用一些方法，那麼，要成功說服別人就不難了。

了解了人性的共性心理，我們接下來要做的就是切入其中。

（一）讚揚法滿足人的稱許心理

人都有一種顯示自我價值的欲望，真誠的讚揚不僅能激發人積極的心理情緒，使之得到心理上的滿足，還能使被讚揚者產生一種與你密切交往的衝動。

（二）激勵法滿足人的成就心理

人都希望盡量做好自己喜愛的工作並獲得令人稱讚的成就。這種成就心理如果能得到你的激勵，就必定能引起對方的感激心理和報償心理。

（三）求教法滿足人的自炫心理

人對於自己具備的技能都有一種引以為榮的心理。如果想與這些人結識相交，那採取求教法是最有效的切入。

(四) 欣賞法滿足人的自信心理

一個人往往對自己所崇信的對象採取的做法是堅信不移的。有時寧願相信自己一向認定的事實，也不願意接受來自他人的糾正。如果對方所喜歡的東西能夠得到你的欣賞，你便能得到他的認可。例如，有對新婚夫婦訂做了一套家具。一天，一位熟人來訪，一眼就看到了新家具，用欣賞的目光打量起家具和居室的布置，並一再表示家具的色澤、樣式和居室的搭配十分和諧。因此，主人的心情格外高興，談話的氣氛也十分融洽。

(五) 降歲法滿足人的年輕心理

人都希望在別人面前表現得更年輕，更具有青春的活力。如果交際從滿足人的年輕心理切入，很快便能營造出溫馨和諧的交際氛圍，為成功交際開啟一扇方便之門。

(六) 投合法滿足人的共趣心理

生活中我們常常聽到這樣的話：誰與誰說不到一塊去，一見面就吵架。誰與誰很投緣，恨不得能穿一條褲子。說不到一塊去就是沒有共同的興趣和愛好，很投緣就是情趣相投。人們一般都喜歡和那些與自己有「共同語言」的人交往，而與興趣相左的人往來則往往不太容易成功。那麼，如果你希望交際成功，尋找共同興趣切入則是一個非常明智的選擇。

(七) 問候法滿足人的尊敬心理

社會交往中，獲得尊重既能說明一個人的名譽地位值得敬慕，也能證明其德操、品行、學識、才華得到認可。無論是年長者還是年輕者，位尊者與位卑者都希望別人尊重自己。因此，那些懂得尊重別人的人，才容易引起別人的好感。而主動問候就是最便捷、最簡單的表達一個人敬意的交際方式了。從問候切入交際活動，十有八九會有一個圓滿的結果。

其實在談判中滿足對手的虛榮心也是一種有效的策略。畢竟我們在談判中不能以恐嚇的面目出現，而應該以友善的態度去影響對手。

林肯曾說過：「一滴蜜比一加侖膽汁，能夠捕到更多的蒼蠅。人心也是如此。假如你要別人同意你的原則，就先使他相信：你是他的忠實朋友。用一滴蜜去贏得他的心，你就能使他走在理智的大道上。」所以說，談判者若能巧妙應用「一滴蜜」，那麼，就會贏得談判對手的心。

用事實讓對方心服口服

要使別人心服口服的接受你的觀點、意見，就要讓事實說話，事實充分就使你言重如山。常言道，事實勝於雄辯。在說服中，要善於運用事實造勢。這種說服方法根本的一點就是唯實、唯事，尊重客觀事實，用事實說話。運用事實進行說服最能打動人心，最能使人信服。

如果從心理學的角度來分析，人們的心理趨向是求真、求實。只有真實的東西，才是人們最可信的。

運用事實進行說服，可以打破僵局，增進了解，使說服更加有力。因為事實本身可以使說服者言重如山，取信於人。採用事實進行說服，要求說服者在說服前準確的掌握事實，說服中巧妙的運用事實。

用事實說話，就要掌握語言表達技巧：你的觀點是否可信，在於你的證據是否可信，你的論證是否符合邏輯。這就需要你列舉出一些有說服力的證據，透過論證的方式，將各種方案的優劣、長短逐一分析比較，並從中優選出最佳的方案來。

擺事實，講道理，這是說服他人最有效的方法。

任何人都具有精明、理智的一面，如果你能夠透過有力的證據、有說服力的方案而獲得對方的認可，一段時間後，別人對你的信任感仍然不會消失。在條件合適的情況下，提供有力的數據支持，甚至提供書面資料，會使說服變得非常輕鬆。所以，在說服中盡可能的運用數據、事例絕對是一種行之有效的好方法。

人們對於那些看得見摸得著的東西比較容易判斷其價值，而要認識無形的東西的價值則十分困難。但是，正確認識無形的價值是非常重要的，在事業上也是如此。經營活動本身雖然不能以數量來衡量，但它卻是可以被判明價值的。除了軟弱無力、毫無成效的經營，大凡真正的經營都能獲得輝煌的成果。它能促進企業的發展，提高員工的福利，進而推動國家和社會的進步與發展。只是我們尚未正確認知到這種經營的價值罷了。

從這裡就可以看出，運用以理服人的談判技巧，特別應注意論證的邏輯性，而對方的失敗則在於論證沒有邏輯性：「設計理論依據具有權威性，就會使產品具有權威性。」這種邏輯不成立。因此可以說，以理服人的技巧利用不當，會讓對方抓住把柄，處於談判的不利地位。這是千萬應當注意的。

當利益衝突不能採取其他方式協調時，客觀標準使用在談判中能發揮非常重要的作用。

在談判的過程中，你可能已經充分理解了對方的利益所在，並且絞盡腦汁為雙方尋求各種互利的解決方案，也非常重視與對方的發展關係，然而，你還是遇到了一個令人非常棘手的利益衝突問題。雙方就某一個利益問題爭執不下，互不讓步，即使強調「雙贏」也無濟於事。

在上述情況下，談判者多數會採取立場式談判方法。這時，解決的方法有可能是，一方如果極力堅持自己的立場，那麼另一方就不得不做出一定的讓步來達成協議。

為什麼會出現這種情況呢？

這種談判，雙方的假設前提是：我之所失即你之所得；談判協議的達成取決於願意達成協議的意願；不考慮其他的因素，只考慮單一價格因素。

那麼結果如何呢？

這樣，談判就演變成一場意願的較量，看誰最固執或誰最慷慨。談判的內容就集中在看誰更加願意達成協議。許多情況下，談判會陷入另一場持久的僵局中，其結果不利於雙方以後的進一步合作。

此種方式的談判非常有效，它可以不傷和氣的快速獲得談判成果。但是，有一點談判人員一定要掌握，那就是談判遵循客觀標準的基本原則應該是：公平有效的原則、科學性原則和先例原則。

利用壓力促使對方妥協

在談判活動中，談判態勢形成的刺激資訊對談判者心理上所形成的壓力，即談判者的心理壓力。心理壓力可以成為談判者的談判動力，但是，超負荷的心理壓力會導致談判者思維混亂，意志力下降，決策失誤。

在談判活動中，應用心理力量使對手產生較大的心理壓力，是談判心理戰的重要內容之一。

一、談判壓力的類型

壓力是有針對性的，不同性質的談判可對談判者產生不同類型的心理壓力。

(一) 談判的利益目標壓力

談判者在參與某項談判後，其談判目標就是計畫所確定的利益目標。由於目標的存在，談判者心理上將會產生心理壓力，即目標壓力。任何談判者在談判過程中都具有這種目標壓力。

向談判對手施加心理壓力，傳播威脅對方利益目標的資訊，使其對談判形勢有可能改變主題或中斷談判而焦慮。在這種情況下，對手的心理壓力將迫使其讓步。

談判者在許多談判活動中，都是受委託而從事談判的，所以，他們並不是為了自己的利益而談，而是為他人或企業、國家的利益而談。他們在談判活動中能否達到利益目標，將直接影響他們自己的利益。

因此，任何影響談判目標實現的資訊都會在談判者心理上產生壓力。這就要求談判者懂得如何向對手施加壓力，而且還要知道怎樣在向對手施加心理壓力上保持分寸，不至於使對手因害怕困難而放棄談判。

(二) 時間壓力

談判活動具有很強的時效性，談判者的實力、利益都是隨著時間而變化的。由於談判受一定的時間限制，談判者在談判的始終都會有一定的時間壓力。談判者若能設法支配談判時間，就會獲得談判的主動權。

(三) 疲勞壓力

疲勞是指心理疲勞。任何談判者在長時間的談判中都難免有疲勞感。尤其是緊張的衝突性的談判，更會導致人的心理出現疲勞。談判者為了使對手出現心理疲勞，可以利用傳播工具製造不利於對手談判計畫的資訊，使其因過度緊張而出現疲勞狀態。

人在疲勞的情況下，容易分散注意力，大腦對資訊的整合、加工、決策水準下降。因此，應用心理戰術實施心理壓力，使對手的心理壓力轉化為心理疲勞，將會導致其談判意志減弱，態度出現變化的傾向。在某種意義上，談判是雙方談判者心理對抗的過程。

(四) 衝突壓力

衝突雙方的談判者其心理上的最大壓力是衝突壓力。如何減少衝突帶來的危害是談判者最為關心的事項。談判者必須設法使對手知道我方建設性意見對解決衝突的正確性，否則，衝突無法消除，壓力將增加。該謀略是為了讓對手在衝突壓力之下接受我方建議。

導致談判者心理上產生壓力的因素很多，這裡就不全面闡述談判者可能會面臨的所有心理壓力。總之，向談判對手實施心理壓力的目的是有共性的，即促使對手接受我方的談判意圖。

二、使用壓力促使對方妥協

壓力既可以產生促進說服成功的積極作用，又可以導致說服陷入僵局或走向破裂。談判高手善於把壓力變成一種促進談判成功的推動力，而不會使其導致談判陷入僵局。

談判是一種智慧的較量，更是一場心理的較量。在談判的過程中，當談判雙方就所談問題存在意見分歧時，一方就有可能逼迫另一方，使其按照己方意願行事。否則，就要採取行動造成一個不利於對方的結果，這就是談判壓力。

一九八〇年代末，美國矽谷一家電子公司研製出一種新型積體電路，其先進性尚不能被大眾理解，而此時，公司又負債累累，即將破產，這種積體電路能否被賞識可以說是公司最後的希望。

幸運的是，歐洲一家公司慧眼識珠，派三名代表飛了幾千英哩來洽談轉讓事宜。來到這家電子公司之後，歐洲公司的三位談判代表無論從談判禮儀方面還是從外在態度上，都表現出了極大的合作誠意，但是當談判進入實質性的價格協商階段時，他們提出的產品報價居然只有研製費用的三分之二！

這家電子公司當時面臨的處境十分困難，如果這筆生意做不成的話，很可能就會遭遇破產，看來對方正是因為相當了解該公司的處境，所以才故意向他們施加壓力的。

但是無論壓力再大，電子公司也不可能以低於研製成本的價格轉讓這種積體電路，因為一旦那樣做的話，電子公司的破產就更加指日可待了。

更何況，該公司的領導人知道，他們研製出的這種新型積體電路一定可以為對方公司帶來重大效益，雖然現在大眾不太理解這種新型積體電路的先進性，但是對方公司早已經十分清楚的意識到了這一點。

一面是公司眼前的艱難處境和對方施加的重大壓力，一面又是新型積體電路的研製成本和公司未來的發展希望，電子公司的領導人幾乎成了夾縫中的羔羊，無路可走了。

但是，越是在無路可走之時，往往越能開拓一條新的生路，他們決定置對方施加的壓力於不顧，同時再透過拖延時間的方式，反過來向對方施以重壓，因為他們知道過不了多久，這種新型積體電路的先進性就會被人們所知，而這家德國公司肯定對此更是心知肚明。

經過一番認真考慮之後，這家電子公司派出談判代表告訴那家公司：「談判先到此為止，等你們覺得自己真正有了合作的誠意之後，我們再坐下來認真對此事進行談判。」

電子公司在短時間內主動提出結束談判，是歐洲公司的三位談判代表根本沒有想到的事情，而他們來到這裡的任務是必須和電子公司達成協議，而且總公司已經為他們規定了達成協議的最後期限，如果電子公司一拖再拖的話，那等待他們的結果將是非常可怕的。

於是，在電子公司宣布談判結束後的當天下午，歐洲公司的談判代表就要求談判繼續進行，他們的態度明顯「合作」了不少，而且還主動表示願意在價格方面做出較大程度的妥協。於是，專利以一個雙方都能接受的價格轉讓了，那三位歐洲人滿意的回到公司覆命去了。

從這個案例中我們可以看出，無論是施壓還是受壓，壓力都始終存在於商務談判的整個過程當中。

可以說，包括商務談判在內的所有談判都是在壓力中進行的。這種無所不在的壓力對任何一方的談判者都有兩種截然相反的作用：一方面它可以促使談判者調整、平衡雙方利益，從而產生推進談判走向成功的積極作用；另一方面，它也是導致談判雙方產生分歧和對抗的因素，從而使談判陷入僵局，甚至走向破裂。

這樣看來，在商務談判過程中，談判雙方既可以成為施壓的一方，又可以成為受壓的一方，而貫穿於整個商務談判過程當中的壓力，既可以發揮促進談判成功的積極作用，又可以導致談判陷入僵局或走向破裂。

那麼，究竟應該如何適度的向談判對手施加壓力，又應該如何緩解對方實施的壓力呢？該如何把壓力變成一種促進談判成功的方式，而不會使其導致談判陷入僵局呢？

緩解談判過程中壓力的關鍵是必須了解可能產生壓力的條件，從而採取某種方法使壓力不能形成，最終達到解除壓力的目的。

而在談判過程中向對方施壓也要注意兩點：一是壓力要強到讓對方知道你的決心不可動搖，二是壓力不要強過對方的承受能力。

任何談判都是對雙方意志的考驗。在建立起抵制壓力屏障的同時，也要學會向對方施壓，使對方屈服。具體辦法如下。

（一）施加合法的壓力

談判桌上，如果能提供一些正規的文件，或提出一些「先例」或「原則」等，都可以成為有力的武器，用來向對方施壓，而且還可以藉此增加對手對你的尊敬或信任。

（二）以數字巧妙施壓

數字有一種非凡的力量，如果巧妙的利用，能發揮出意想不到的作用，會對對手造成不小的壓力。

在談判中大量運用數據會使發言變得很簡練，而且大多是數字。然而，這種數字的巧妙運用，遠比發表長篇大論更有說服力，更容易引起人的深思。

不要告訴對方你的最後期限

世界上沒有永無止境的談判，談判總有一個時間的終結，我們把它叫做談判中的最後期限。對於談判者來說，越是快到最後期限，自己的自由度就會越低，而且會出現必須迅速達成協議的壓力。

如果一位談判者受到最後期限的壓力，會因其迫使他們在意願範圍之外更快讓步而損及自己，從而惠及對手。所以在舉行任何談判時，千萬不要告訴對方你的最後期限。

我在這裡打個比方，假如公司安排你坐飛機到其他地方進行談判，而且提前幫你預訂了兩天後的回程航班。這時你千萬不要讓對方知道你預訂了航班，如果對方已經知道你的安排，一定會在這兩天的談判中對你施加壓力。

通常情況下，如果對方知道你的最後期限，他們就會把談判的重點內容一直拖延到最後一刻。而當你若設定了「談判期限」，在最後關頭將處於不利的局面中。

所以談判高手在進行談判時，常常會考慮：「談判當事人雙方哪一方的談判截止日期到了？」

不管進行怎樣的談判，在談判期限的到來之前，雙方都會毫不保留的提出自己的要求，並稱「這些內容，我們無法接受」。

但是，一旦雙方中的一方因事而必須截止日期，就一定會出現單方面或雙方面做出讓步的情況，不好解決的問題也得以解決。

我的朋友曾經受一家汽車零件生產商委託，與一位顧客公司簽訂了一份供給合約。但是，這份合約的許多條款卻對朋友的公司十分不利。

據我的朋友說，這份合約簽訂時，正值國際石油和原材料價格上漲的時期。如果按照合約中的條款，即使生產零件的原料石油價格上漲，零件的價格也不能發生變更。除此之外，還有一定量的供給義務。

聽完他的講述，我十分疑惑，並向他提問到：「既然知道對公司不利，你們怎麼還同意這樣的合約內容？」

他告訴我，原來是因為他們在談判中收到來自上司的指示：「在某月某日之前，必須解決這次交易。」所以他們只好同意對方的提議，以加快談判的進程。

後來據我朋友回憶，這次的合約期是五年時間，但隨後石油的價格卻一直上漲。他預計公司之後的三年內，恐怕必須背負著赤字來維持這份合約。

這則案例已經很好的告訴我們，在談判中最好不要做出限定時間這種指示，特別是面對長期交易時，更應該如此。在進行談判時，己方設定了談判期限，實為下策，應該盡量避免這種情況。因為談判者面對這種時間壓力時，往往會很容易被迫做出讓步。

當然，談判中往往會出現各種情況，有時如果雙方的截止日期相同的話，你該怎麼辦呢？這就會帶來一個非常有趣的問題。我們不妨用租賃辦公室的事打個比方。

假如說再過六個月，你的五年租約就到期了，你必須與房東重新談判，重新續約。你可能會告訴自己：「我可以用時間壓力來對付房東，一直等到最後一刻才和他談判。這時他就會面臨很大的時間壓力。他知道，如果我不再續租的話，他的房子就要空閒好幾個月，這對他來說可是一筆不小的損失。」聽起來似乎是一個不錯的策略，可是你別忘了，房東也可以用同樣的方式來對付你，他完全可以拖延到最後一刻才和你進行談判，讓你也面對同樣的時間壓力。

所以，這時你們雙方所面對的截止日期是完全相同的。那麼在這種情況下，哪一方應該利用時間壓力，哪一方應該避免呢？

答案是：在談判中擁有更多優勢的一方應當利用時間壓力，而另一方則應當避免時間壓力，盡量在截止日期之前與對方展開談判。這樣公平吧？可問題是，你該如何判斷自己在談判中是否占有優勢呢？答案是：在談判過程中擁有更多選擇的一方，往往占有較大的優勢。不妨設想一下，如果你無法續約的話，對方還會有哪些選擇呢？

要想確定這個問題，你可以拿出一張紙，在中間畫上一條線。在線的左邊，寫出你的後備選擇。你還有什麼其他地點可供選擇？這些地點的成本是高還是低？把辦公室電話以及所有印有公司地址的資料更新一遍需要多少錢？如果你搬家的話，你的客戶還能找到你嗎？在這條線的右邊，列出房東的所有選擇。這棟大樓是否是專門的辦公室？他是否很容易找到新的租戶？新的租戶是否願意支付更多的租金？房東要花多少錢來重新裝修房間，以滿足新租戶的要求？由於大多數人都會認為自己在談判中處於劣勢地位，所以這張表格往往可以幫助你更清楚的認知到自己在談判中的位置。

畢竟你非常清楚自己面臨怎樣的壓力，可你並不完全了解房東的處境。要想讓自己在談判當中變得更加有優勢，一個最有效的做法就是：知道你總是會覺得自己在談判中處於劣勢，並學會彌補這種感覺。因此，當你透過這種方式列出雙方的選擇時，你最終可能會發現：房東所面臨的選擇的確比你更多。

所以要想完全避免這個問題，你就應該替自己留出足夠的時間進行談判。但另一方面，要想在與房東的談判中占有絕對優勢，你就必須在談判開始之前為自己找到足夠多的選擇，只有這樣，你才能在談判時利用時間壓力占盡上風。

從這裡可以看出，透露自己的最後期限，會將你置於最不利的位置。

如果談判者的最後期限被對手獲知，那麼其將陷入僵局的風險顯著增長。意識到自己的最後期限會迫使你加快讓步。同時，你的對手覺得仍有大把時間可談，他的拖延又加大了你無法在時間用完之前達成協議的機率。即使你在最後期限之前達成了協議，結果往往對你相當不利，因為當你為交易而暗地裡跟自己賽跑時，讓步是如此之大。

第九章　如何促成談判，實現雙贏

談判是心懷強烈目標的溝通，「雙贏」是這種溝通最甜美的果實。所謂雙贏，就是為滿足各方利益而進行的價值交換過程，雙方施與受的互動過程，互惠卻不一定平等。談判的終極目標就是雙贏。我們要實現利潤的最大化和合約的最合理化，而客戶獲得了勝利的喜悅，並且心甘情願與我們長期合作。

掌握法律手段是獲勝之道

市場經濟是一種商品經濟。在市場經濟中，人們為了各自的利益進行著各種市場活動，推動著商品的生產、交換、消費、分配，從而達到了社會資源優化配置的作用。

很顯然，在市場經濟中，利益的驅動力是市場運行和價格形成中的根本力量，而在利益的分配中，談判無疑可以直接影響微觀市場主體之間的利益分配格局，因此可以說，談判在現代商務活動中，具有極其重要的作用。

市場經濟是一種法治經濟，商務活動中的任何環節都必須有法律的肯定，否則在實際操作中難免不能保證實施，因此，在對商務活動有重要影響的談判中，必須掌握有力的法律手段，以保證談判內容和最後合約的合法性。

在我看來，掌握法律手段，就是掌握了獲勝之道。試想一下，當你被對手大聲說道「你違反了合約」時，你一定會感到膽怯。當指責你說道「你違反了法律」時，你恐怕會陣腳大亂。其實，不管是怎樣強勢的對手，當他聽到這些話時，都會產生這樣的心理。但如果你也能夠在談判中掌握法律的手段，同樣也可以給對手帶來這樣的壓力。

為了能夠做到這一點，你必須認真熟悉相關法律。如果與對手簽署合約，就一定要熟讀合約，並認真理解。一位懂得法律手段的談判者能夠將合約的內容與對手的行為進行對比，察覺到對手違反合約的行為，有時，甚至還能夠指出對手的不法行為。

有一家塑膠用具的器材廠，與為其提供原材料的供應商進行了一場談判，原因是因為國際塑膠價格上漲，而且有公司願意用更高的價格從供應商處進貨，所以供應商向器材廠提出增加原材料收購價格的要求，如果器材廠不同意，供應商就停止為其提供塑膠。

從表面看來，似乎是供應商掌握著談判的主導權。但經過調查，這家器材廠曾經與供應商之間簽訂了一份合約，其中提到供應商應該以先前定好的價格為器材廠提供一年的原材料，如果供應商單方面停止了供應，則是一種違反合約的行為。

結果供應商看到了這份合約，再也沒有提出任何要求。

正如這樣，在這種不利的情況下，清楚的將對手「違反合約」或「違法行為」指出，形勢就會發生逆轉。

此外，法律可以幫助談判者形成嚴謹的語言特點，在談判中，也必然能發揮其優勢，為商務主體帶來豐厚的回報。所以，在談判中，法律能夠發揮關鍵的作用。以下是其具體作用：

（一）法律能保證談判的內容合法，能夠予以實施。

商務談判成功之後簽協議時如果有律師把關，能讓企業規避很多法律風險。具有豐富經驗的商務律師，在某個或某些領域經歷了非常多次的類似交易及糾紛，能深謀遠慮的關注這些當初看起來毫不起眼的問題，把險途中的暗礁、逆流一一指出，防患於未然，將危機消滅在萌芽狀態，讓第一次進行類似交易的客戶免受法律風險。

可以說，運用法律談判的首要任務，就是提示交易中存在的重大法律風險。

（二）法律可以為委託當事人爭取最大利益。

一般而言，一些公司企業顧及商業形象和相對方臉面，不敢和相對方發生太白熱化的爭辯，但是談判者作為局外人，可以利用法律手段，在不傷及委託人商業形象的同時，與談判相對方展開討價還價的過程，讓委託人名利雙收。

（三）掌握法律手段的談判者一般具有較豐富的談判實踐經驗，能夠較有效的達成談判目標。

談判桌上是心理素養和臨場反應能力的較量，而掌握法律手段的談判者一般都具有很強的心理素養和臨場反應能力，所以比較適合參加談判。同時，談判時口頭表達能力很重要，這點通常也是掌握法律手段的談判者的強項。

（四）法律相對於當事人是處於旁觀者的角色，更加能夠客觀的認知談判格局。

談判過程中，人們往往習慣於關注自己這一方的弱勢以及所承受的壓力，常常看不到對方的弱勢和壓力點，看不到自己的談判籌碼，從而可能在談判過程中變得被動。

而有「旁觀者」那些懂得法律手段的談判者幫忙分析和提醒，委託人就能更準確的把握整個談判的局勢。

只給對方一個好處

無論是在推銷界還是在市場行銷上，都有一個說法，即不要給顧客過多的好處，你必須提煉出最好的那個來，然後以此吸引你的顧客。我們的談判是不是也有著同樣的道理？答案是肯定的。我們先以行銷上常見的做法來看。

在行銷上有一種說法：好的產品越多，顧客越不知道該如何選擇；一個產品的好處越多，同樣也越讓顧客不知所云，最後不知取捨。這種猶豫的結果會讓你大失所望。顧客會告訴你說：我得好好想想，下次再說吧，然後推開門，永遠的消失在你的眼前。

沒有人會為了購買一個產品而大傷腦筋。花腦筋思考是在辦公室裡發生的事情，那意味著緊張。與此相對應，要打消顧客所有的疑慮只有一個途徑：賦予你的產品一個獨特的好處——這個好處是如此醒目，以至於顧客不得不購買。

例如，高露潔對消費者灌輸的好處是「我們的目標是沒有蛀牙」，這一簡單、明瞭的概念幫了高露潔的大忙。再如，寶僑的宣傳是「沒有頭皮屑」，寶僑為此在消費者中做過調查，問「什麼最尷尬」。百分之九十的回答是「頭皮屑」，這一概念在當時成為最好的賣點。一位集團總裁說，在現代企業競爭中，最關鍵的是創造一種信念或「概念」，如果沒有「概念」的傳達，花多少錢都沒有意義。

銷售活動需要更好的提煉並運用所推銷產品的獨特的「好處」，並以此為突破口展開產品的介紹。

當然，某個吸引人的概念只是銷售的手段之一，要獲得顧客的認同，單憑某一項優勢已遠遠不夠。要把產品促銷、價格、品質這些基本要素進行有機組合，使之成為一個整體，實現優勢的集成互補，以適應顧客各方面的要求，並全面影響顧客的觀念，培養其對產品的認同感。

以上所有這些，實際上都在說明一個觀點：只給顧客一個最吸引人的好處，遠比說出一大堆的優惠、功能更具說服力。

談判中存在著同樣的道理：你可能會說，我的價格最低，所以你最好接受——如果你的談判對象是一個特別注重交易價格的人。

你同樣可以說：我的產品品質上佳，在品質方面可以解決對方所有曾經有過的疑慮。這個說法是如此的吸引對方，甚至使對方可以不考慮價格貴了多少，想想看，品質好，當然價格貴。如果對方確曾有過品質方面的煩惱，那麼你的這個提法也會使你在談判中占據主導地位。

對方與你展開某項交易，其目的是為了解決自身的問題。你應當將對方的這個問題作為焦點，突出你的利益優勢。

其他方面還有很多，如服務、技術轉讓等。你永遠不需要在各個方面都滿足你的談判對手，實際上，你做不到。你需要做的，只是用某一個獨特的好處滿足對方最大的需求。

但是，你必須記住，你不可以擅自決定你的「好處」，你必須進行充分的調查論證。當你提出某一項好處時，這個好處必須是符合對方的需求的，而且正好可以解決對方最大的問題。否則這個問題將是無效的，它不僅不會為你帶來幫助，反而會為你帶來阻礙——這不是什麼大道理，而是常識。

任何一個談判高手都不會滿足於對方接受己方的條件即可，而是會充分利用己方所收集到的有關資訊資料，幫對方分析當前的市場形勢，向對方講明利害關係，促使對方與己方成交。

常常有這樣的情況，某個大買主會引起賣主的興趣，乃是因為該客戶可以做長久的、大宗的生意；或者其具有雄厚的技術實力、資金實力，賣主認為這是一個良好的或者理想的主顧。

展望未來的市場走向，是引導對方不要把目光僅僅放在一筆交易上，而是要著眼於長遠的利益，從市場的前景來預測目前的既得利益。讓對方明白即使自己吃一點虧，目的也是為了在以後的交易中雙方都能獲得更多的利益。

只給對方一個好處，可以讓對手充分認知到自己的既得利益。談判高手在最後的讓步中不但要對手接受己方所提出的讓步，而且還會讓對方認知到接受這種讓步是一個明智之舉，他們會以充分的事實和有力的依據，揭示出對手已經得到的利益。

從心理學的角度講，人的欲望是永無止境的，在談判桌上，更是經常出現「既得隴復望蜀」的現象。因此，在提醒對方時，既表明了己方已知道讓了對方多少步，又巧妙的告訴對方要適可而止。許多時候，這種提醒具有「知兵而退敵」的良好效果。

而且往往在談判的後期，雙方的心理承受到了極限。這時再回想一下你的談判經歷，是不是越臨近談判的尾聲，達成一致的意向就越多。雖然有些談判例外，但這一點還是具有普遍性的。

這是因為在一場漫長的談判中，開局和中局雙方都會針鋒相對、堅守各自的原則底線，但到了最後階段，雙方的心理承受都到了最後的極限，身心也已疲憊，就連初次談判的人員的新鮮感也已過去。這時，大家都會不自覺的做出一定程度的讓步，對於此前相當尖銳的問題，雙方的想法好像在忽然之間變得更加靈活了，行動變得更加默契了，這在談判之初是絕不可想像的。

談判的目標是雙贏

價格是商務談判中最核心的部分，談判雙方能否達成一個彼此都可以接受的價格，將決定著談判的成功與否。談判成功意味著談判雙方對彼此開出的條件都在自己可以接受的範圍內，並且認為己方在既定條件下實現了自己的目的，這也就意味著雙贏。

然而獲得雙贏談判的過程卻是複雜和艱辛的，這是因為談判方都想從對方那裡撈到更多的好處，也總認為目前開出的條件不是最優惠的。當然，談判也不會這樣無休止的爭論下去，否則什麼事情都難以談成了。在適當時機，談判方還是會握手言和的，這個適當時機就是各方的心理平衡。所以，雙贏談判就是要達到各方的心理平衡。

要實現雙贏談判，就要懂得捨得，我們首先要做的就是分析形勢，明智選擇。有談判必有競爭，我們以賣方為例來說，在爭取客戶的過程中必然會有不少競爭者。在包括自己在內的競爭者中，我們要做到知己知彼，明確自己和對手的優勢和劣勢。

但要清楚的是，談判的目的並不是控制對方，而是要和對方一起合作找出問題，並尋求適當的解決方案來解決雙方所共同面臨的問題。

下面將介紹幾個雙贏談判中需要注意的問題。

一、不要把談判的焦點集中到一個問題上

打個比方說，當你把雙方所有其他的問題都已經解決清楚，只剩下價格問題時，你就會發現雙方就一定要分出輸贏。而反過來說，只要你能保持談判桌上的問題超過一個，你就總是能夠和對方保持協商狀態，從而當你能夠在其他方面向對方提供回報時，對方也就很可能會考慮在價格方面做出讓步。

二、人們想要的東西通常都是不一樣的

大多數人都很容易相信，自己想要的東西也正是別人想要的，因為這一點，我們認為，對我們重要的東西往往對別人也是同樣重要的。但事實並非如此。

談判新手們遇到的最大困境就是，他們總是會以為人們在談判當中最大的分歧就是價格。

事實上，對於你的對手來說，可能還有很多甚至比價格還要重要的因素需要考慮。例如，他需要確保你能夠按時交貨，他也希望你能夠對他們有足夠的重視。你的付款條件有多大的彈性空間？你的公司是否有足夠的經濟實力來成為他們的合作夥伴？你的團隊是否接受過良好的培訓？他們對自己的工作是否抱有足夠的熱情？

當你告訴對方你能夠滿足所有這些要求時，也只有到了這個時候，對方才會把關注的焦點注意到價格上面。

三、不妨退給對方一些好處

我並不是說你在雙方簽訂協議之後再為對方增加一些折扣，我只是說不妨給對方一些超出你的承諾的東西。例如，你可以提供一些特殊服務，提供一些本來並不必要的關心。這時你就會發現，你給他們的特殊服務，對他們來說可能會有很大的幫助。

不同的人有著不同的性格特點，正因為如此，他們在談判時也會表現出不同的風格。所以你必須首先學會理解對方的性格特點，如果你發現對方的風格與你差別很大，不妨對自己進行稍微的調整，盡量學會適應對方的風格。

事實上，人們之所以會在談判當中表現出不同的風格，在很大程度上是因為他們有著不同的人際關係，不同的行為方式，不同的缺點，以及不同的得到自己想要的東西的方式。

勝負只是一種自我感受，透過適當的自我調整，你可以讓對方感覺是自己贏得了談判，但同時又不需要犧牲你自己的利益。

深刻洞悉對手的內在驅動力

優勢談判高手知道，我們想要的和對方想要的東西可能沒有什麼差別。而對於優勢談判高手們來說，在談判當中，我們對推動對方進行談判的動力——他們到底想要什麼——越是了解，我們就越能在不損害自身利益的情況下滿足對方的需求。

程度不高的談判人員之所以會遇到麻煩，是因為他們總是不敢讓自己的對手對自己了解太多，以免對方會對自己耍花招。所以在進行談判時，他們不是去設法找到對方進行談判的背後驅動力，還會因為恐懼而把自己封閉起來。

最好的談判氣氛，是我們都喜歡的情況。買主急於找到解決辦法，願意冷靜的與你商量。這意味著彼此信任，找到雙贏的解決辦法。然而，此時也要當心。買主有時是裝出來解決問題的誠意。一旦你把底牌攤給他們，告訴他們你想做的一切，他們就轉向了競爭動機。所以，當你發現情況進展得過於順利，有些不太真實的時候，你要小心為是。

遇過這樣的情況，買主的主要動機不是輸贏本身，也不是為了解決問題。他主要的動機可能是個人利益或自我膨脹。我一下子想起來的例子是那些聘金的代理人，如果解決問題花費的時間較長，他們就可以賺到更多的錢。另外一個「個人動機」的例子是一個想讓工人們留下好印象的工會談判代表。還有一個例子是想讓公司留下好印象的買主。

發現買主好像想解決問題。他真的想找到最好的辦法，但問題是必須有一個可以向組織交代的辦法。為此，他的動機必須是組織的：即使他找到了完美的答案，他能向他組織中的人交代嗎？這種情況發生在議會中。所以，如果你與一個背後有組織的買主談判，你最好想辦法幫他順利通過。

有情感動機的人相信，如果雙方彼此足夠喜歡，他們就可以解決分歧。有情感動機的談判對手從來不試圖透過電話或仲介來解決問題。他想與對方面對面談，相信：「如果我們彼此足夠了解，我們就能找到答案。」這種談判方式潛在的問題是可能容易導致買主的綏靖政策。

下面將列舉幾個常見的驅動。

一、競爭驅動

競爭驅動是談判新手們最熟悉的一種驅動，這也正是他們為什麼會把談判看成是一種挑戰的原因。如果你認為對方的目的只是要打敗你，特別是當你知道對方是一位經驗豐富的談判高手，或者是殘酷無情的談判專家之後，你很容易產生一種恐懼感。

在汽車交易中，這種現象尤為普遍。汽車交易商總是希望能以「最低價」來吸引客戶，但同時卻又會按照銷售分紅付錢給自己的銷售人員。客戶的目的非常簡單，他們只是希望能夠盡量壓低價格，他們並不關心經銷商是否賠錢或者銷售人員是否能得到分紅。而對於銷售人員來說，他們唯一的驅動就是提高價格，因為這是他們可以賺到更多錢的唯一方式。

競爭驅動下的談判人員知道，要想贏得談判的勝利，一個最好的方法就是了解對手，同時又盡可能多的不讓對手知道自己的情況。知識本身就是一種極為強大的武器，那些相當注重競爭的談判人員相信，正是由於知識就是力量，所以你對對手了解得越多，而讓對手對你了解得越少，你就會更容易贏得談判的勝利。

在收集資訊時，談判人員總是會刻意的排斥對方提供的所有資訊，因為他相信，對方之所以會透露這些資訊，很可能是在耍花招。所以他通常會選擇從對方的員工或者是合夥人那裡收集資訊。

與此同時，因為他會假設自己的談判對手也在做同樣的事情，所以他會努力的防止己方的資訊洩露出去。之所以會出現這種情況，是因為他相信談判是一場「你死我活」的較量，雙方一定會分個輸贏高低。可他沒有想到的是，談判的結果可能是雙贏，因為雙方都是在謀求不同的東西。透過更好的了解對方，雙方都可以有意識的在那些對自己並不重要，但對別人卻很重要的條件上做出讓步，從而最終達到雙贏的結果。

二、解決驅動

解決驅動是最理想的談判形勢。這時雙方都非常希望能夠找到一個解決方案，並願意透過共同討論來達到這一目的。

在這種情況下，雙方都不會對對方產生任何威脅，彼此都抱著良好的意願，希望能夠達成一個共贏的解決方案。一心希望找到解決方案的談判人員，往往會抱有一種非常樂觀的心態，他們希望能夠找到一種富有創造性的解決方案，因為他們相信，一定可以找到一種更好的辦法來解決眼前的問題，只是他們暫時還沒有想到罷了。

房屋交易就是一個很好的例子。買方可能很喜歡某棟房子，在進行談判的過程中，你發現他唯一擔心的就是資金問題，這時你提出可以幫助對方尋求信貸，然後雙方很快就可以達成交易，問題就可以很輕鬆的得到解決。

除此之外，買方也可以考慮給賣方更多的時間來尋找新的住所。或者賣方也可以付給買方一定的定金，這樣賣方就可以在找到新的住所之前繼續住上一段時間。買方也可以要求同時購買賣方所有的家具，而賣方則可以要求繼續保留這棟房屋的使用權，直到他們去世為止——對於那些缺錢但又不想搬家的老人來說，這是一個相當不錯的選擇。仲介費可以免除，或者經紀人可以收欠條而不是現金。買方可以先搬進來，但雙方要過一段時間之後再辦理過戶手續，這樣賣方就可以減少一定的個人所得稅。

在和那些只是希望找到解決方案的人進行談判時，一個最大的好處就是，他們不會預設任何立場。他們並不會受到公司政策或傳統的限制，他們會感覺任何的條件都是可以商量的。只要不違法或者不違反他們的原則，他們願意考慮你的任何建議，因為他們並不會把你當成競爭對手。

這聽起來是一個非常完美的解決辦法，不是嗎？雙方竭力合作，共同找到一個公平的解決方案。但即使如此，也會出現一些問題。例如，你的談判對手很可能會假裝自己只是在尋求問題的解決方案，而一旦你亮出了自己的底牌，告訴他們你的想法，他們就會轉而採取一種競爭性的態度，努力為自己謀求最大利益。所以，當對方告訴你他只是希望找到一個解決方案時，一定要保持警惕。

三、個人驅動

你可能曾經遇到過這樣的對手，他們談判的目的並不是為了要獲勝，也不是為了要尋找到一個完美的解決方案。

在談判時，他們最主要的驅動力就是謀求個人利益。一說到這點，我立刻就會想到那些按照時間收費的律師。這些律師往往不會盡快解決一起官司，因為那樣並不符合他們的個人利益。遇到這種情況時，你最好想辦法首先滿足對方的個人利益。你或許可以直接告訴對方的律師你所想到的解決方案，如果對方拒不接受的話（因為那樣很可能意味著他會失去一部分律師費），你可以威脅說你會直接找他的客戶。毫無疑問，對方律師並不希望你這樣做，他感覺自己的客戶有可能接受你的建議，他會被迫接受你的建議。

例如，那些急於在自己的公司做出表現的年輕的談判人員。在進行談判時，他最不喜歡看到的一個結果就是雙手空空的回到自己的公司，所以對你來說，最好的策略就是確定對方的最後期限，這樣你就可以在談判的最後一刻和他達成協議——如果不答應的話，他就只好空手而歸。

強調雙方的共同點

所謂的共同點，其實就是使差異巧妙契合，它是利用各方具有互補性的利益、首要問題和能力的一種方式。有時候，差異會促成交易。例如，談判中一方高度看重一種條件，而另一方可以以相對較低的成本提供這一條件，這樣雙方就達成了共同點。

除了互相交換和揭開種種可能性，現在我們要看看許多其他種類的差異是怎樣推動共同收益的，即對未來的預測，包括對風險的態度、對時間的態度、納稅狀況、會計或法規性規定、所代表的群體以及諸如此類。

談判高手知道，認清並理解這些動機是雙贏談判的關鍵。我們對買主的動機越了解——買主想真正達到的目的——我們越能滿足買主的需求，而我們沒有任何損失。

說服別人最重要的就是能夠盡快的找到雙方的共同點，促成事情順水推舟的發展下去。

說服別人時「投其所好」是很有必要的，多說一些美好的、讚美的話。「投其所好」要注意「因人而異」。

鬼谷子說過：與智慧型的人說話，憑藉的是見聞的廣博；與見聞廣博的人說話，憑藉的是辨析的能力；與善辯的人說話，就要簡明扼要；與別人說話，就要用奇妙的事來打動他；別人不願意做的事情，就不要勉強；對方所喜歡的，就模仿而順從他；對方所討厭的，就避開而不談它。

能做到這些，就已經是「投其所好」的高手了。

愛德華先生曾為了贊助一名童軍參加在歐洲舉辦的世界童軍大會，親自前往當時美國一家非常有名的大公司，拜會其董事長，希望他能夠解囊相助。

愛德華在拜訪他之前，就聽說他曾開過一張面額一百萬美金的支票，後來那張支票作廢了。他還特地將之裝裱起來，掛在牆上以作紀念。

因此，當愛德華一踏進他的辦公室之後，立即針對此事，要求參觀一下他的這張裝裱起來的支票。愛德華告訴那位董事長說，自己從未見過任何人開過如此鉅額的支票，很想見識見識，好回去說給小童軍們聽。

那位董事長毫不猶豫的就答應了，並將當時開那張支票的情形，詳細的解說給愛德華聽。愛德華先生並沒有在一開始就提起童軍的事，更沒提到籌措基金的事。他提到的只是他知道對方一定很有興趣的事。最終的結果呢？

說完他那張支票的故事，未等愛德華提及，那位董事長就主動問他今天是為了什麼事而來？愛德華這才一五一十的將來意說明。出乎愛德華的意料，那位董事長非常爽快的答應了愛德華的要求，而且還答應贊助五個童軍去參加該童軍大會，並且要親自帶隊參加，負責他們的全部開銷，另外他還親筆寫了一封推薦函，要求他在歐洲分公司的主管提供他們所需的一切服務。最終，愛德華先生滿載而歸。

由此可見，在說服別人之前，最好是先找到共同的話題，拉近彼此之間的距離，這樣事情就好辦多了。其實，從某種意義上來講，在人與人的交際過程中，最大的難關就是怎樣找到對方感興趣的話題。如果你說話的技術到位，那麼，你的說服就會獲得成功，同時事情也就好辦許多。

怎樣才能利用「共鳴」尋找共同話題，更好的說服別人呢？

（一）細心揣測

為了發現對方與自己的共同話題，可以在對方與別人談話時留心分析、揣摩，也可以在對方和自己交談時揣摩對方的心思，從中產生共鳴。

透過細心揣摩對方的談話，可以找出雙方的共同點，進而說服別人。

(二) 明察秋毫

與對方相遇，為了打破沉默的局面，開口講話是必要的。有人以客套的打招呼開場；有人以行為開場，一邊幫對方做某些急需幫助的事，一邊以話試探；有的找個很好的藉口，借題發揮。

(三) 照顧到多數人

面對眾多的人進行溝通時，要選擇眾人關心的事件為話題，把話題瞄準大眾興奮的中心。這類話題是大家想談、愛談又能談的，人人都可以插上話，自然也創造了氛圍，以致引起許多人的議論和發言，導致「語花」飛濺。

(四) 反面激將

當對方不願就某一話題進行溝通，說「不知道」、「沒意見」進行搪塞時，可以抓住對方知而不說、知真說假的心理，用「激將法」激起對方的熱情，進而達到合作的目的。但要因人而異，掌握分寸，不可「激將」激出麻煩來。

(五) 循趣入話

根據對方愛好引發話題。當別人談到自己的愛好時，便很容易專注，談起來也津津有味。主動交談者可以投其所好，同時借題發揮，巧妙的提出話題。

(六)從心情下手

在說服中必須學會察言觀色，抓住對方的心理狀態，根據對方心情的波動，投其所好，引出話題。如果對方處於暴跳如雷或悲痛欲絕的情況下，就應稍安勿躁，先安慰對方，使之情緒穩定下來。

(七)即興引入

巧妙的藉由彼時、彼地、彼人的某些資料為題，藉此引發交談。有人善於借助對方的姓名、籍貫、年齡、服飾、職業等，即興引出話題，常常獲得驚人的效果。「即興引入」法的優點是靈活自然，就地取材，其關鍵是要思想跳躍快，能做由此及彼的聯想。

還可以針對對方的缺點引發話題，從體諒、愛護對方出發，動之以情、曉之以理，委婉而中肯的提出話題，闡述自己的建議。

其實，找共同點並不難，這只是說服的初階階段所需要的。共同點會隨著交談內容的深入，越來越多。為了使交談更有益於對方，一定要一步一步的挖掘深一層的共同點，只有這樣才能得到理想效果。

例如，一個度假的大學生和一位在法院工作者，在一個共同的朋友家聚餐，兩人經過主人的介紹後，就開始攀談起來。兩人漸漸的發現對社會上的不正之風的看法彼此有共同點，在不知不覺中展開了討論。他們從令人髮指的社會現象，談到其產生的土壤和根源，從民主和法制的作用，談到對國家的期望。真是越談越深入，越談雙方距離越近，越談雙方的共同點越多。

雙方在事後都認為透過這次交談，對大學生認識社會，對法院工作者了解外面的資訊和群眾要求，增強糾正不正之風的自覺性都很有益處。

尋找共同點的方法還有很多，例如，面臨的共同的生活環境，共同的工作任務，共同的行路方向，共同的生活習慣等。如果你想說服別人，強調雙方的共同點不失為一種好方法。

抓住談判成功前的訊號

經過了前面一番激烈的爭戰，如果你在各個策略階段都發揮得恰到好處，或者相當成功，那麼下一步，你便要看到勝利的曙光了，你的苦戰終於將勝利完成。

但是，商談之中，對方的肯定也就是你獲勝的過程，並不是突然來到的。在對方做出肯定之前，你必須了解到對方將要做出肯定，然後緊緊抓住時機，再做最後的衝刺，使勝利早日到來。如果在對方肯定之前，你沒能及早發現勝利在望的跡象，而稍有疏忽，便可能功虧一簣，你將追悔莫及。猶如戰場上，敵方將要繳械投降，他們打出的訊號你沒能發現，而是一味的向前進攻，對方此時當然不能等著被消滅，必然做出背水一戰，況且，有可能在這背水一戰中他們還會起死回生，即使你的強攻最後獲勝了，也必然會有各方面不必要的損失。

因此，把握住商談成功的各種跡象，掌握各種成功的試探方法，是一招非學不可的技術，你必須了解何時為「勝利在望」。

一、抓住談判成功的一瞬間

商談之中，察言觀色，有時確可「先知先覺」。前面講過對方提出反對論或者抱怨的態度表現出來，你便要將他一步一步的引進自己的話題中。可是，對方是不是在聽你的話呢？是不是漸漸產生了興趣呢？如果對方有下面的各種表情、行動，則表示對方快要上鉤，或者漸漸產生了興趣。此時，你可不要錯過這樣的良機，有道是「機不可失，時不再來」。

下面的一些動作或問話，猶如一個個的訊號，向你展示商談將要成功。作為商談人員，必須善於捕捉這些訊號。

（一）向周圍的人問：「你們看如何？」、「怎麼樣，還可以吧？」這是在尋找認同，很明顯，他的心中已經認同了。

（二）突然開始殺價或對商品提毛病，這種看似反對論，其實他是想做最後的一搏，即使你不降價給他，不對商品的所謂「毛病」做更多的解釋，他也會答應你的。

（三）褒獎其他公司的產品，甚至列舉產品的名稱，這猶如此地無銀三百兩。既然別家產品如此好，他又為何與你費盡這些周折呢？

（四）對方問及市場反映如何，製造廠商是哪一家，產品的普及率及市場占有率；或問及付款方法，商品的折舊率以及保證期限，售後服務或維修狀況等。很簡單的道理，如果他根本不想達成這項協議，又何必枉費如此多的口舌問這些問題呢？

（五）對方直嘆「真說不過你」、「實在拿你沒辦法」。這已經在相當委婉但又心甘情願的表示服輸，你已經勝利了。

(六)對方不時用手摸摸商品，凝視商品。這是標準的愛不釋手的姿態，此時還不「趁熱打鐵」，你還更待何時？

一旦對方有了如上的表現，你便要緊緊抓住這些訊號，把商談的重心轉至最後的成交階段。當然，有這些訊號，還並不等於事實。此時，儘管你有了「勝利在望」的信心，但卻不能掉以輕心。這最後的一仗，絲毫不能出錯，否則前功盡棄，會讓你苦不堪言。

例如，當對方褒獎其他公司的產品時，你要是自恃「他已經快要與我成交」，而說一句「他們的產品既然那麼好，你怎麼不買他們的」，那麼，你的顧客一定會轉身便走，儘管他不十分想或根本不想放棄成交的機會，但人的尊嚴是不容侵犯的，何況商談不是求人，而是雙方互有裨益。你如果在此時，向他說明你的產品的突出優點，別家產品的不足之處，迎合了顧客的需求。之所以這是一個獲勝的訊號，就因為你想說的這些，他已經聽過了，並且已經同意了。

對於這些成交的寶貴訊號，一定要看得明白，並且要看得準確，警惕「上當」。例如，對方在商談的後期突然果真感覺產品有不足之處，而你卻當成訊號來輕易的處理，就十分有害了。所以這時提醒你：看清訊號，辨識訊號。

二、學會投石問路

在談判時，不能被動的應戰，而要主動的進攻，以尋求勝利的到來。特別是對於客戶處在猶豫不決時，你就更要助他「一臂之力」。

當你看時機似乎成熟了，就積極的問：「那麼，就這樣，我們明天送貨來。」或是「那麼，請在這份合約書上簽字蓋章吧。」

也許，這種問法反而會被拒絕，但如果以消極、沉默、被動的態度等待，又可能錯過成交的極好機會。鑑於這種情況，可以「投石問路」，進行一下「火力偵察」，探探虛實。以下的各項試探法，頗值得靈活應用。

（一）假設法

你可以假設出成交時才會有的問題來，因為你所提的問題只是假定的狀況，會使對方回答時感覺「不必負責」，而可以輕鬆的回答，但往往因此使對方進一步答應成交。

如果你要說服對方參加你的保險，而對方已經有一點點首肯的跡象，於是，你便可問：「如果你決定簽下這份保險，受益人要填誰呢？」

如果你感覺客戶將要決定買你的產品，你便可問：「如果您決定要買，付款是用支票嗎？」

（二）肯定的暗示法

這種方法，看似問話，實際上包含了答案，可以促使對方回答肯定。

你可以問：「您好像比較喜歡這個顏色，是嗎？」或是「這個款式好像相當適合您的需求吧。」

(三) 二選一法

提出兩個選擇項，使對方由二者之中選出一樣。

例如，對方要購買一批運輸車，有二噸的和四噸的，當他想買又沒有完全表示十分肯定的時候，你可以問：「四噸的和二噸的，還是四噸的比較好吧？」

再如，在一次商談中，其他都進行得順利，只是在付款的期限問題上對方尚有猶豫，於是你可以問：「分期付款的期限，是五年的還是三年的好呢？」

用這種二選一的問話，使對方的答案可以控制，可以使你所掌握的主動權更大。

(四) 指定的承諾法

當你感到把握很大，推定對方會答應，為了使對方首肯，你可以問：「那麼，明天早上我過來拜訪，貴公司是早上九點開始上班吧？」

這樣一問，對方首肯的決心會更大。

當你學會抓住談判成功前的訊號，並觀察對方的反應，然後根據反應做出適當的戰術調整，引導你的商談走向最後的成功。當勝利在望之時，你會長長吁一口氣，漫漫的商談之路終於將要到達終點。抓住這些可珍視的時機，向成功邁進。

後記

當我把這本書的初稿整理好，交給出版社編輯的時候，有一種言猶未盡的感覺。回首自己的商場沉浮，恐怕經歷最多的就是企劃和談判。雖然目前的工作重心已經轉到了企業培訓、房地產顧問和投資領域，但是每年都會應邀輾轉各地，為企業的高階管理層做談判方面的培訓與交流，而在我的更多的銷售培訓上，談判也總是一個非常重要的內容。

我看到很多銷售類的公司，儘管他們的主動銷售意識越來越強，但是有的人對於銷售的認識還非常粗淺。很多業務員，甚至是區域經理、銷售總監，對談判的認知仍然處於一個非常基本的層面。

如管理顧問公司在幫一些企業做品牌規劃時，經常需要和企業的銷售團隊座談。在溝通中，發現銷售經理、區經理和業務員對談判的理解完全不同，在銷售團隊中，老業務員和新業務員的認知也不一樣。

很多做了很多年的老業務員，雖然手中擁有了大量的客戶資源，但由於他們不懂得談判的知識，白白的犧牲了很多利益。

後記

甚至企業領導者也是如此，在商業談判中缺乏基本的談判技巧，更不要說對談判有更深層次的認識了。

在投資領域，因為談判失敗而使整個集團處於不利境地的案例也比比皆是。

所以，在接到約稿和圖書企劃案後，我爽快應約，並馬上開始利用一切可用的時間，整理完成了這本著作。

我寫這本書的初衷，並不是想強調談判是多麼的複雜和不可控制，而是想告訴那些在談判桌前手足無措的同仁們，要以一種科學的眼光看待談判，學習談判。

而最重要的是，如果你在學習談判的過程中找不到合適的入門之道，那就從心理學入手吧！

我們管理顧問公司的同事楊妮娜、李建亮、周平、吳彥森參與了本書的編寫和修改，感謝他們的參與和幫助，讓我能夠更好更快的完成這本書稿！

李維

因為溝通太複雜，所以需要談判心理學

你的每一個動作或表情，在對手眼中都有重大意義

編　　者：李維
發 行 人：黃振庭
出 版 者：崧燁文化事業有限公司
發 行 者：崧燁文化事業有限公司

E-mail：sonbookservice@gmail.com
粉 絲 頁：https://www.facebook.com/sonbookss/
網　　址：https://sonbook.net/
地　　址：台北市中正區重慶南路一段六十一號八樓 815 室
Rm. 815, 8F., No.61, Sec. 1, Chongqing S. Rd., Zhongzheng Dist., Taipei City 100, Taiwan
電　　話：(02) 2370-3310
傳　　真：(02) 2388-1990

印　　刷：京峯彩色印刷有限公司（京峰數位）
律師顧問：廣華律師事務所 張珮琦律師

定　　價：375 元
發行日期：2022 年 03 月第一版
◎本書以 POD 印製

國家圖書館出版品預行編目資料

因為溝通太複雜，所以需要談判心理學：你的每一個動作或表情，在對手眼中都有重大意義 / 李維編著. -- 第一版. -- 臺北市：崧燁文化事業有限公司, 2022.03
　面；　公分
POD 版
ISBN 978-626-332-150-2(平裝)
1.CST: 談判 2.CST: 談判策略
177.4　　111002323

電子書購買

臉書